日本社会组织NPO参与老年人介护保险制度的研究

向先迪◎著

吉林大学出版社

·长春·

图书在版编目（CIP）数据

日本社会组织 NPO 参与老年人介护保险制度的研究 ／
向先迪著 . － － 长春：吉林大学出版社，2024. 8.
ISBN 978 － 7 － 5768 － 3505 － 2

Ⅰ . F843. 136. 84

中国国家版本馆 CIP 数据核字第 20242CU939 号

书　　　名　日本社会组织 NPO 参与老年人介护保险制度的研究
　　　　　　　RIBEN SHEHUI ZUZHI NPO CANYU LAONIANREN JIEHU BAOXIAN
　　　　　　　ZHIDU DE YANJIU
作　　　者　向先迪
策划编辑　李潇潇
责任编辑　李潇潇
责任校对　杨　平
装帧设计　中联华文
出版发行　吉林大学出版社
社　　　址　长春市人民大街 4059 号
邮政编码　130021
发行电话　0431－89580036/58
网　　　址　http：//www. jlup. com. cn
电子邮箱　jldxcbs@ sina. com
印　　　刷　三河市华东印刷有限公司
开　　　本　787mm×1092mm　1/16
印　　　张　18
字　　　数　192 千字
版　　　次　2025 年 3 月第 1 版
印　　　次　2025 年 3 月第 1 次
书　　　号　ISBN 978 － 7 － 5768 － 3505 － 2
定　　　价　78. 00 元

はじめに

　向先生が中国からの留学生として熊本に来て以来、早くも10年が過ぎた。この間、社会保障、社会保険の制度を中心に福祉制度や法律などに係わる研究を進めてきた。併せてNPOについても関心を持ち続けてきた。

　21世紀を迎えて、日本社会は少子・高齢化、人口減少に示される環境変化の大波に見舞われている。特に団塊の世代が後期高齢者となる時期を目前に控えて、これからどのように対応をしていくのかは世界各国が注目をしているところである。戦後の混乱期を経て、高度経済成長を経験し、日本は大きな経済的成功を収め、世界第2位の経済大国と呼ばれるまでになった。20世紀後半は日本にとって、人口や市場が拡大を続けていた時代であったといえる。

　しかし、日本を取り巻く環境は大きく変わり、2010年には2位の経済大国の地位を中国に譲り渡し、人口も1億2000万人代をピークとして減少に転じている。そして、生産拠点の国外流失も一向に衰える様子が見られない状況にある。非常に大きな困難の中で、世界

でも例を見ない超高齢社会に突入することになってしまったのである。これから日本が高齢社会の様々な問題を克服しソフトランディングに成功するのか、あるいは大きな社会的混乱を招くのか、日本同様の高齢者問題を抱える各国にとって、いやが上にも関心が高まらざるを得ない状況にある。

　向先生は超高齢社会を読み解くキーワードは、地域福祉、課題解決の担い手NPO、ネットワークであると考えている。社会保険に代表される公的制度無しに膨大な高齢者の暮らしを支えることは不可能である。反面、高齢者の生活は地域社会に密着しており、地域性を無視したサービスの提供もあり得ない。さらに高齢者の抱える問題は複雑多様であり、行政の力だけでは如何ともしがたい特徴を持っている。「新しい公共」という言葉で示されるように企業、NPO、ボランティアなど地域社会を構成する多様な主体が課題解決の担い手としての役割を担い、行政との連携協働を進めていくことになる。そして複雑で多様な課題であれば、あるほど多くの主体をつなぐネットワークやマネジメントが大きな意味を持ってくる。

　以上のような観点に立って本書に着手した。本書の中心のテーマは、高齢者福祉におけるNPOの役割である。高齢者の問題は非常に複雑であり、焦点を絞らないと問題の所在を掴むことすら難しくなる。そこで、本書では介護保険制度を中心とする制度とサービスの具体的な担い手であるNPOや企業に焦点を当てて分析を進めることにした。

　周知のとおり、NPOについては阪神淡路大震災を契機として盛り

上がったボランティアの機運などを背景として1998年に特定非営利活動促進法(以下、「NPO法」という。)が制定され、今やNPOは一定の存在感を示すに至っている。もっともNPOと一口で言っても内容は多彩で文化・芸術や教育の分野からまちづくり、医療など多方面にわたっている。

　しかし、多くのNPOは資金難に陥って苦しい経営を余儀なくされていることは周知のとおりである。ところが、2005年に介護保険法の改正が行われた以後、介護サービスを手がけるNPOは介護の指定事業者となることで安定した経営基盤を得ることに成功している。NPOには様々な形態があり、サービス内容も多岐にわたっているため、全体像を一律に描き出すことは至難の業である。安定した経営基盤を持つ介護系NPOに焦点を絞って、これを研究対象として深堀りすることで、NPOの可能性や課題を一般化する手がかりを得ることができると考える。

　したがって、本書では、介護保険制度に直接関わる介護系のNPOに焦点を絞ることにした。併せて、NPOと対比するため、社会福祉法人や企業も事例として取り上げている。

　そして、本書ではレスター・M. サラモンに代表されるNPO理論を分析の基本的なフレームとして位置づけている。もちろん米国と日本とでは、歴史的な伝統や文化的背景が異なっているため、すべてが妥当するわけではないが、NPOに関する一般理論としての有効性は今日も失われていないと考えている。本書はサラモンが示しているNPOの優位性や特性が日本でも妥当していることを複数の施設

を対象とした質的研究によって論証することを目的としている。

　2007 年から2013 年まで約 6 年の間に、介護サービスに関わる現場に深く入り込んだ質的研究は、これまでにほとんど例が無く、一定のオリジナリティのある研究が達成できたと考えている。福祉制度や介護保険に関わる制度の研究はともすれば、法律論や制度論に終始することが多く、一歩踏み込んだアプローチが不足するように見受けられる場合が多い。したがって、本書では、関連する施設における参与観察及びインタビューによって現場における利用者と施設職員の肉声が伝わるレベルまで掘り下げることのできる質的研究法を採用することにした。

　結果的には、施設関係者のご理解とご協力をいただいて貴重な質的データを採取させていただくことができた。参与観察を通して、非常にきめ細かな心配りを施設長や職員の方々がされていることに気付くことができた。そして、このような配慮や心遣いこそが制度としての介護保険を有効に機能させる重要な要素であることを明らかにすることができたと考えている。

石橋敏郎　教授

明石照久　教授

2024 年 7 月

目 录
CONTENTS

Ⅰ　高齢者福祉・介護分野におけるNPOの新たな挑戦 ……… 1

　1. 研究課題 ………………………………………………… 1

　　（1）日本社会の高齢化と介護ニーズの高まり ……………… 1

　　（2）高齢者福祉 NPOの登場 ………………………… 4

　2. 新たなアプローチの可能性 ……………………………… 7

　3. 研究意義 ………………………………………………… 12

　4. 結論の方向 ……………………………………………… 14

　5. 本書の構成 ……………………………………………… 16

Ⅱ　NPOの概観 ……………………………………………… 20

　1. NPOとは何か ………………………………………… 20

　　（1）NPOの概念 ………………………………………… 20

　　（2）日本の特定非営利活動促進法 ……………………… 22

　2. 理論的先行研究 ………………………………………… 24

（1）NPOの理論的研究 ……………………………… 24

（2）日本の福祉 NPO に関する研究 ……………… 28

3. **高齢者福祉** NPOの**特徴** ……………………… 36

（1）公共公益性 ……………………………………… 36

（2）多様性 …………………………………………… 37

（3）法人格の必要性 ……………………………… 37

4. **高齢者福祉** NPOの**位置**づけ ………………… 41

Ⅲ　高齢者福祉 NPO と**介護保険制度**との関わり ……… 46

1. **介護保険制度**とNPO ……………………………… 46

（1）介護保険制度におけるNPOの位置づけ ……… 46

（2）介護保険制度におけるNPOの役割 ………… 50

（3）NPOにとって介護保険制度の重要性 ………… 52

2. **介護保険制度の概観** …………………………… 58

（1）介護保険制度とは …………………………… 58

（2）介護保険制度の見直しによるNPOの変化 ……… 73

3. **高齢者福祉** NPOと**他**の**介護サービス**の**担い者** …… 79

（1）他の介護サービスの担い手 ………………… 79

（2）高齢者介護の特徴とNPO ……………………… 85

Ⅳ　高齢者福祉サービスを提供する各施設の実態調査 ……… 92

1. **特定非営利活動法人「通い処愛和」の活動内容** …… 92

（1）「通い処愛和」の活動と組織概要 ……………… 92

（2）「通い所愛和」のデイサービス ……………… 95

（3）「通い処愛和」のデイサービスの特徴 ……… 112

（4）職員へのインタビュー ………………………… 128

（5）ケアマネージャーからの評価 ……………… 132

2. 特定非営利活動法人「あやの里」の活動内容 …………… 133

（1）特定非営利活動法人「あやの里」の活動と組織

概要 …………………………………………… 133

（2）「あやの里」の介護サービスの内容 ………… 137

（3）「あやの里」の特徴 ………………………… 150

（4）職員へのインタビュー ……………………… 154

（5）「あやの里」の代表岡元氏の話 …………… 162

3. 特定非営利活動法人「おーさぁ一健軍くらしささえ愛工房」の

活動内容 ……………………………………… 164

（1）特定非営利活動法人「おーさぁ一健軍くらしささえ愛工

房」の活動と組織概要 ………………………… 164

（2）「おーさぁ」の介護事業 …………………… 168

（3）「おーさぁ」の地域縁がわ事業 …………… 170

（4）職員へのインタビュー ……………………… 171

（5）所長と理事長へのインタビュー …………… 178

4. 株式会社せら「デイサービス保保路（ぽぽろ）」の活動

内容 …………………………………………… 181

（1）株式会社せら「デイサービス保保路（ぽぽろ）」の活動

と組織概要 …………………………………… 182

（2）「ぽぽろ」のデイサービス …………………………… 185

（3）「ぽぽろ」の特徴 ………………………………………… 192

Ⅴ　高齢者福祉 NPO の地域ふれあい活動………………………… 198

　1.「通い処愛和」の地域ふれあい活動 …………………… 198

　　（1）民生委員としての活動 ………………………………… 198

　　（2）日本将棋連盟の「愛和支部」としての活動 ………… 199

　　（3）水害を受けた利用者を自家に引き受ける …………… 200

　　（4）社会福祉法人との連携 ………………………………… 200

　2.「あやの里」の地域ふれあい活動 ……………………… 203

　　（1）地域ふれあいホームの活用 ………………………… 203

　　（2）新年お祝の餅づき大会 ……………………………… 205

　3. 地域ふれあい活動の可能性 ……………………………… 207

Ⅵ　諸外国の福祉非営利セクター ……………………………… 213

　1. アメリカの高齢者福祉政策と非営利セクター ……… 213

　　（1）アメリカの高齢者福祉事業 ………………………… 213

　　（2）アメリカの非営利セクター ………………………… 217

　　（3）高齢者福祉サービスを担っている非営利セクターの

　　　　事例 …………………………………………………… 222

　2. 中国蘇州市高齢者介護の現状 ………………………… 225

　　（1）蘇州市高齢者福祉の現状 …………………………… 225

　　（2）蘇州市滄浪区の高齢者福祉の現状 ………………… 226

（3）蘇州市社会福利院の事例 ……………………………………… 228

Ⅶ　今後の高齢者福祉 NPO の望ましい姿 ………………… 233

　1. 高齢者福祉 NPO の特徴 ………………………………… 233

　　（1）調査内容の比較 ………………………………………… 234

　　（2）質の良い介護サービスへの貢献 ……………………… 237

　　（3）高齢者福祉 NPO の強さ ……………………………… 241

　2. 高齢者福祉 NPO のあり方 ……………………………… 251

　3. さらなる発展のための要素 ……………………………… 259

　　（1）ミッションづくり …………………………………… 261

　　（2）マネジメント能力の向上 …………………………… 263

おわりに ……………………………………………………… 270

I 高齢者福祉・介護分野における
NPOの新たな挑戦

　本章では、本書の研究課題を明確にするとともに、研究対象として高齢者福祉NPOを取り上げる意義を明らかにする。併せて本書の一番大きな特徴であるエスノグラフィー（民族誌）を応用した研究手法を中心に研究方法論について整理をしたうえで、本書の理論的な課題を明らかにし、最後に本書全体の章構成を示すことにする。

1. 研究課題

（1）日本社会の高齢化と介護ニーズの高まり

　まず、日本の総人口数から見てみたいと思う。最新の国勢調査によると、平成23年10月1日現在の日本の総人口は1億2779万9千人である。図表Ⅰ-1の通り、平成17年から戦後初めて人口減少と見られたが、平成22年までには人口が増加したり、減少したりしてきた。しかし、平成22年10月から平成23年9月までの1年間に25

万9千人も減少したことが明らかとなった。その大きく減少した理由は東日本大震災の影響が大きいと考えられるが、それに加えて少子高齢化の影響が大きいと思われる。

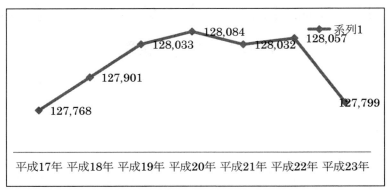

図Ⅰ-1：日本の総人口の推移（平成 17 年—平成 23 年）

出典：総務省の平成 23 年の国勢調査 http：//www. stat. go. jp/data/jinsui/index. htm をもとに筆者作成

　一方、日本国の総人口が減少している反面、高齢者人口が急増している。平成 23 年の65 歳以上の高齢者数は2975 万 2 千人で、総人口に占める割合は23. 3％である。前年と比べて、26 万 8 千人の増加となった。その中の75 歳以上の高齢者数は1470 万 8 千人で、51 万 4 千人の増加となった。次に、日本の高齢者人口の変化について、総人口に占める割合で表示する（図Ⅰ-2 参照）。

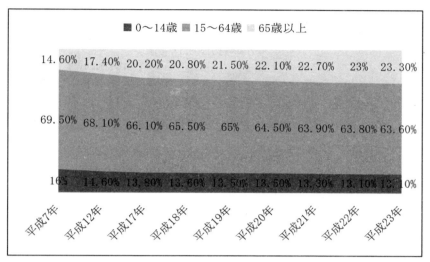

図Ⅰ-2：年齢3区分別人口の推移（平成7年—平成23年）

出典：総務省の平成23年の国勢調査 http：//www. stat. go. jp/data/jinsui/index. htm をもとに筆者作成

　年少者数と高齢者数の割合で比べると、諸外国より日本の年少人口割合は最も低く、老年人口割合は最も高くなっていることが分かる（図Ⅰ-3参照）。したがって、日本の高齢社会における様々な変化や課題がますます厳しくなってくると予想できる。

　日本における高齢者率は非常に高く、そして、75歳以上の後期高齢者数も急増する中、後期高齢者の中から現れやすい認知症の対策は今後の大きな課題である。そのため、認知高齢者に対する対応方法と専門性のある介護サービスに対するニーズが今後ますます高まってくるものと予想される。

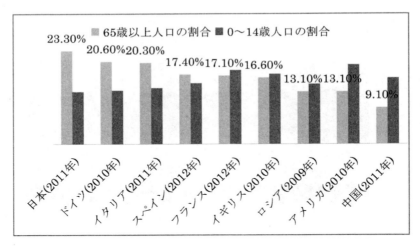

図Ⅰ-3：国別年少者数と高齢者数の割合

出典：総務省の平成 23 年の国勢調査 http：//www. stat. go. jp/data/jinsui/index. htm
をもとに筆者作成

　特に伝統的な大家族が崩壊し、独居老人世帯の増加傾向が強まっ
ている今日の日本社会において高齢者介護に対する関心は高まらざ
るを得ない。高齢者介護の問題は21 世紀の日本が直面している極め
て大きな課題の一つである。本書では、このように大きな社会的関
心を集めている高齢者福祉・介護の問題に焦点を合わせることに
した。

（2）高齢者福祉 NPOの登場

　高齢者福祉・介護の分野においては、長い間にわたって、行政
「措置」による公的サービスが提供されてきたため、多様なニーズ
に適応できない質の低いサービスレベルに留っていた。高齢者福
祉・介護に関わるサービスの質の確保が重要であるという強い使命

感を持つ主婦たちが地域において、自発的に手弁当で細々と取り組んできたボランティア団体や退職した看護師らによる自発的な住民参加型任意団体などが存在していたのは事実であるが、この種のボランティアの任意団体は社会的な信頼性が乏しく、参加ボランティアと活動資金の不足に悩まれてきた。

　1998 年に、「特定非営利活動促進法（NPO 法）」（以下、「NPO 法」と呼ぶ）が成立したことによって、任意団体に法人化することが可能となる道が開かれた。NPO 法では特定非営利活動法人について、次のように定義されている。

　「この法律において『特定非営利活動法人』とは、特定非営利活動を行うことを主たる目的とし、次の各号のいずれにも該当する団体であって、この法律の定めるところにより設立された法人をいう」（NPO 法第 2 条 1 項）。

　①　次のいずれにも該当する団体であって、営利を目的としないものであること。

　イ　社員の資格の得喪に関して、不当な条件を付さないこと。

　ロ　役員のうち報酬を受ける者の数が、役員総数の三分の一以下であること。

　②　その行う活動が次のいずれにも該当する団体であること。

　イ　宗教の教義を広め、儀式行事を行い、及び信者を教化育成することを主たる目的とするものでないこと。

　ロ　政治上の主義を推進し、支持し、又はこれに反対することを主たる目的とするものでないこと。

　ハ　特定の公職（公職選挙法（昭和二十五年法律第百号）第三条に規定する公職をいう。以下同じ。）の候補者（当該候補者になろうとする者を含む。以下同じ。）若しくは公職にある者又は政党を推薦し、支持し、又はこれらに反対することを目的とするものでないこと」（NPO 法 2 条 2 項）。

　NPO 法の成立により、NPO の前身である地域において主婦らが自発的に立ち上げたボランティア団体に NPO 法人という具体的な法人格が付与されることになった。この結果、社会から注目される存在となり、現代の日本社会において NPO は一定の存在感を持つに至っている。さらに、2000 年から始まった介護保険法により、それら法人格を取得した NPO 法人が介護保険の「指定居宅サービス事業者」として参入できるようになった。すなわち、高齢者福祉・介護分野で活動をしてきたボランティア任意団体が NPO 法人格を持つことによって、高齢者を対象にした在宅サービスを行うことが法制度上認められるようになったのである。

　介護保険制度の実施以後、法人格を持つ NPO は指定事業者として介護保険サービスを提供すれば、保険から介護報酬が支払われ、安定的な収入が見込めるようになった。財政の自立は NPO の活動の場を広げ、これまでにない活動の可能性を広げた。このように介護保険法の制定は NPO 活動、特に高齢者福祉分野の NPO にとって飛躍的な転機になったと言える[1]。

　以上のことから、①NPO 法で定められた法人格を所有していることと、②介護保険制度による指定者事業として参入し介護サービス

を提供していること、主にこの2つの条件に当てはまるNPOを高齢者福祉NPOと呼び、主な研究対象として取り上げることにした。

　高齢者福祉NPOは介護保険制度に支えられて安定経営の足がかりを得、他のNPOとは異なる展開を見せており、際立った特徴を有している。特に、社会保険の一種である介護保険制度を準拠軸として、施設、利用者、地域社会、行政などのアクターの行動を分析することは比較的容易であって、しかもNPOの本質に深く関わる領域であるため、研究の対象として高齢者福祉NPOを取り上げる意義は大きいと考える。

2. 新たなアプローチの可能性

　次に、高齢者福祉NPOに対して、どのようにアプローチをしていくのか、研究方法と具体的な対象に関する議論を進めていきたい。高齢者福祉・介護分野では、NPOに関して多くはないが、制度論的な研究が存在している。しかし、NPOの現場に視点を据えた実態調査はほとんど見られないようである。

　実際に、NPO法人はどのように介護保険制度に参入しているのか、具体的にどのように介護サービスを提供しているのか、そして、利用者、職員、地域住民、地方自治体などとの関係で、NPO法人がどのような社会的な役割を担っているのかは、未だ明らかにされていない。法制度の研究や各NPO法人の組織図やサービス内容の概要紹介等に終始していたのでは、その実態と特徴、さらには課題を掴

むことはできない。

　そこで、本書では参与観察、インタビュー、内部記録文書などの
データに基づく質的研究法、特にエスノグラフィーに焦点を当てた
研究方法を採用した。すなわち、本書の研究方法上の重心は、エス
ノグラフィーを用いた質的研究に置かれている。

　エスノグラフィーに関わるいくつかの研究について簡単に触れて
おきたい。本書の記述の基礎となっている質的研究法としてのエス
ノグラフィー[2]について少し述べておこう。エスノグラフィーには、
「フィールドワークの結果をまとめた報告書」と「フィールドワー
クという調査の方法あるいはその調査結果プロセスそのもの」とい
う二つの意味がある。

　明石照久は、エスノグラフィーの利点について「エスノグラフィー
の利点は、研究する者と研究される者との間に截然と区分線が引か
れることなく、研究される者の視点で記述ができるというところに
ある[3]」と述べている。組織を理解するためには細切れの要素に還
元するのではなく、その全体性において理解する必要がある。現場
経験への近接が組織の実態を理解する第一歩となる。

　ところで、定性的研究の多くは現象学と呼ばれる長い歴史を持つ
哲学の影響を受けている。現象学は通常の人々の視点から社会現象
を理解しようとし、人や社会を分析的に要素へ還元するのではな
く、その全体性において理解しようと試みる[4]。定性的研究法から
生み出される様々な記述データこそが現場の人々の行動や規範意識
を理解するカギとなる。

　そして、そのような記述データに注目することで「現場の人々」の考え方や行動特性を理解する道が開かれる。金井壽宏が「重要なことは、書斎から出てくる『経験離れした（experience-distant）』概念ではなく、現場から生まれてくる『経験近接の（experience-near）』概念を明らかにすることであり、それが社会現象を内部者もしくは当事者の見方で捉えるということなのである⑤」と述べているように、現場経験に可能な限り近づくことで見えてくるものもあるのである。

　エスノグラフィーは文化人類学者が未開社会へ入り込んで異文化を理解するためのフィールドワークの技法として洗練されてきた。しかし、現代社会の組織研究においても有効な方法である。例えば、米国の警察組織に関するエスノグラフィー⑥、日本のホワイトカラー（銀行）のエスノグラフィー⑦、京都の暴走族のエスノグラフィー⑧等の研究が有名である。

　Van Maanenはエスノグラフィーを実録型、告白型、印象派型に分類している⑨。エスノグラフィーの記述の方法、体裁は多彩で変化に富んでいる。例えば、C.カスタネダはメキシコのヤキ族の呪術士ドンファンとの交流を通して特異な精神遊離の体験を綴っているし⑩、また、宮澤節生は第一線刑事の意識と行動について本格的な参与観察を行っている⑪。さらに金井壽宏はボストンの企業者ネットワークに関するエスノグラフィーを書いている⑫。

　現代組織の文化、人々の考え方や行動を解釈し、分析するために「分厚い記述」の果たす役割は大きい。

　佐藤郁哉は、「フィールドワークは、その時にはじめて、見たままの姿を平板に記録するに過ぎない『薄っぺらな記述』を越えて、人々の発言や行動の奥に幾重にも折り重なった生活と行為の文脈をときほぐし、その作業を通してはじめて明らかになる社会的行為の『意味』を解釈して読みとり、その解釈を書きとめていくことができるようになる[13]」と述べている。

　これらの研究で共通して強調されているのは、深く人々の間に入り込んで社会的な文脈の中で意味を読み取ることの重要性である。

　本書では、高齢者福祉の現場の実態を描き出すことを目的としている。高齢者福祉NPOに関する対比研究や統計的な調査も必要ではあるが、現場の人々がどのように行動しているのかを的確に把握することはできない。今回、取り組んだ参与観察とインタビューを中心とするエスノグラフィーの手法を用いることによって、法律や制度とそれを運用する人々との間の相互作用や規範がどのようにして組織に受容され、また、人々の間で内面化されていくのかについて一歩踏み込んだ理解が可能となるのである。

　したがって、本書においては、先に言及した高齢者福祉NPOに関する先行研究で取り上げられている制度的でかつ静態的な研究ではなく、現場に深く入り込んだダイナミックな実証的研究を目指している。少なくとも筆者が管見する限り、本書が志向する研究と一致する先行研究は、ほとんど見当たらなかった。その意味で、本書はこれまでの研究の厚みを増すとともに、高齢者福祉NPOの実務にも役立つ知見を提供できるものと考えている。

　ここで、本書の研究方法の特徴を少し整理しておくことにする。

　まず、第一の特徴として、次の点をあげることができる。高齢者介護の担い手としてのNPOはその中身が実に多様であり、変動性も高い。一律の概念図だけではサービスの内容と質を比較しにくい部分が多く存在している。そのために、NPOを全面的に把握するのに、その提供しているサービス内容だけではなく、利用者、職員、ケアマネージャー、地域住民、地方自治体などあらゆる側面からの評価が必要となることに気付かされたので、出来るだけ多様な側面からの記述に努めた。

　第二の特徴として、インタビュー、聞き取り調査等の内容の正確性は場所や時間により影響されるため、主観的な部分が多いと考え、同じ調査内容を様々な場所や時間帯で何回も行うよう配慮し、また、同じ聞き取り調査の内容を職員、利用者、施設長それぞれ異なった人物に行うようにした。それによって、聞き取り調査やインタビューの内容がより正確で、厚みを増すことにより客観性を高めていくことができると考えた。

　第三の特徴として、現場の人々の意見が出易くなる雰囲気づくりに努めた点をあげることができる。現場での観察を円滑に進めるためには、その施設や組織の文化を尊敬し、その雰囲気に適応しなければならない。特に、利用者の場合、気持ち良くできるだけリラックスした状態でお話を伺うように常に心がけた。

　最後に第四の特徴は、何よりも調査対象者との信頼関係の構築に心を砕いたことである。特に現場観察を円滑に進めるためには、調

査方法と目的、データの活用などをしっかり説明し、インフォーマントとしっかりと話し合うことが必要かつ重要な一歩となる。したがって、今回の調査では、実際の現場観察、聞き取り調査に1年をかけ、現場観察を行う事前準備としての資料調査や施設の責任者への質問票による訪問調査などに約1年半かけるなど、時間をかけて信頼関係の構築に努めた。

　以上のとおり、本書においては、これまでの先行研究で取り上げられている制度的でかつ静態的な研究ではなく、現場に深く入り込んだダイナミックな実証的研究を目指している。その意味で、本書はこれまでの研究の厚みを増すとともに、高齢者福祉NPOの実務にも役立つ知見を提供できるものと考えている。

3. 研究意義

　高齢化が進むに伴い、社会福祉の対象者の中で占める高齢者の比率は明らかに高く、これからも急増する傾向があるため、社会福祉サービスの重要な対象は高齢者である。そして、高齢者の老後生活、老後福祉を考えると、介護保険制度による介護、支援サービスのみの問題ではなく、生活環境の改善、医療との連携、地域福祉づくりなど様々な要素が必要であり、福祉に関わるものを全般的に考えなければならない。しかし、この領域は余りにも複雑で変数も多く、焦点を絞り込まないと的確な分析を進めることはできない。

　またNPOに関する議論も一般的な内容を検討するだけでは、研究

の深まりは期待できない。そこで、介護保険に参入している高齢者を中心とした介護サービスの提供や介護を通しての地域づくりや関連機関とのネットワークづくりなどを含めた地域福祉活動を行っているNPO法人に対象を絞り込むことで、問題点の所在が明らかになるものと考えている。

　レスター・M. サラモンは、米国において公共サービスがますます多くのNPOや企業によって担われていることを指摘し、そのようなサービスの担い手をサード・パーティー政府と呼んでいる⑭。従来型の議論では、サービスを独占的に供給する行政体の経済性や効率性などに着目して、行政体の形態や組織・体制、公務員制度などが中心的な論点であったが、行政体の役割が大きく変化している現在では、サード・パーティー政府を含むプロセス全体の最適化を模索する方向に関心が移っている。つまりガバメント（政府）ではなくガバナンス（統治）が焦点となってきているのである。

　政府を組織としてではなく、ツールの視点から見ると、地域におけるガバナンスの全体構造が明らかになってくる。行政組織とサード・パーティー政府（企業・NPOなど）が協働することによって、サービスが供給される。日常的な業務の実際の運営はサード・パーティーが担い、行政組織は主に調整者としての役割を果たす。行政組織もサード・パーティーも政策目的を達成するためのツールであり、両者の協働を通して最大の成果をあげることが目指される。

　そして介護・福祉の分野におけるNPOは、以上のような論点を掘り下げ、考察を深めていくための格好の素材となる。日本において

も「新しい公共」の考え方に基づき、市民、企業、NPOなどと行政との連携・協働に大きな関心が向けられるようになってきており、地域課題の解決に向けてNPOが一定の役割を担うようになってきている。そして介護・福祉の領域に焦点を絞り込むことで、NPOの組織とマネジメントの特性、行政との関係などが明瞭に浮かび上がってくることが期待できる。

　特に一般のNPOの多くが資金調達の面で苦労している中で、介護系のNPOは介護保険制度に支えられて安定経営の基盤を確立することができるようになった。そこには今後の日本のNPO発展のための大きなヒントが隠されているように思われる。

4. 結論の方向

　本書は、前記のとおりエスノグラフィーの手法を用いることによって、高齢者介護の現場実態を描き出し、高齢者福祉NPOの可能性と課題を探り出すとともに、介護保険制度を機能させるための重要な要因を抽出することを目的としている。

　併せて、本書において理論的な面では、法社会学的な観点から法律で示される公的制度の機能、さらにはそのような制度が現場の人々にどのようにして受容され、また、人々の間で内面化されていくのかを理論的に跡付けるように努めている。

　まず、佐藤郁哉と山田真茂留が論じている「制度と文化」の視点から「NPOの組織を動かす見えない力」[15]が生じる構造や背景につい

て、施設長や職員に対するインタビュー及び観察から理論的に整理することにした。日本では西欧型の福祉国家建設を目指して様々な制度が組み立てられてきたため、相対的に行政サービスが社会保障や福祉の分野で大きな割合を占めているのは周知のとおりである。

　しかし、財政難、住民ニーズの多様化、少子高齢化など日本社会を取り巻く環境が激変する中で、これまでのように行政サービスですべてをカバーすることはもはや不可能となりつつある。つまり、平等・公平を第一に考える行政サービスでは対応できないケースが増加しており、今後ますますその件数が増えることが予想される。

　多様なニーズを掘り起こし、柔軟できめ細かな対応を行うためには、行政ではない他の主体の力が必要とされるようになる。「新しい公共」という言葉が最近しばしば用いられるようになったが、この言葉はまさにこのような文脈につながっている。行政と企業やNPOなどが連携・協働して課題の解決に当たることが何よりも求められている。

　NPOはミッション志向、ボランタリーな精神、マネジメントのスキル、幅広いネットワークなどの特徴を持つと言われている。そのような力を用いて従来型の行政サービスでは手が届かなかったニーズを掘り起こし、それに対応しながら一定の成果をあげてきている。特に本書で取り上げた高齢者福祉NPOではミッション志向の側面やマネジメント上の利点などが顕著に現れていた。

　したがって、本書の理論的な課題として、NPOになぜ期待が寄せられているのか、企業や行政組織とどこが違うのか、NPOのマネジ

メントの特性と優位性の根拠は何かという問に答え得る理論枠組み
の構築をあげることができる。組織文化等の概念も用いながら解明
に努めることにする。

さらに第Ⅲ章で詳述する介護保険制度におけるNPOの役割の分析
は、もう一つの理論上の課題である。介護保険制度を機能させる上
でNPOが果たしている役割、そして、介護保険の枠外の地域との関
わりや他の団体とのネットワークづくりなどの活動を通して、介護
保険という公的な制度がどのようにして具現化され、利用者にサー
ビスが届けられるのか、また、利用者からのニーズがフィードバッ
クされるのかなど、規範が社会に受容される過程や態様に関する理
論的な課題について構造化を行っていきたい。

5. 本書の構成

最後に本書の構成を示すことにする。まず、第Ⅰ章では研究課題
の確認と研究方法の検討を行った。特に先に述べたように本書では、
現場の人々の肉声が伝わるレベルまで掘り下げた実態把握を行うこ
とを目指しているため、参与観察及びインタビューを中心とする質
的研究法を採用した。このため、質的研究法、特にエスノグラフィー
に焦点を当てながら研究法としての特質、利点、課題などについ
て考察を加えたうえで本書の特徴について論及している。

次に第Ⅱ章では、日本におけるNPO発展の歴史及び現状について
概観している。特にNPO法に定める20分野のNPOの活動分野のう

ち、介護サービスに関わるNPOの特徴を示すとともに、研究の対象
とする理由についてより詳しく論じている。第Ⅲ章では本書におけ
るもう一方の柱である介護保険制度について概観をしている。介護
保険制度における高齢者福祉NPOの存在基盤と存在意義について検
討と考察を加えている。

　以上の各章で実態的及び方法論的な検討を行った後に、本書の核
心とも言える各施設に関するエスノグラフィーの記述を進めている。
第Ⅳ章及び第Ⅴ章では、各施設における参与観察や施設長などのイ
ンタビューの内容を記した。記述に当たってはGeertzが言う「分厚い
記述[16]」となるように努めた。

　第Ⅵ章では、米国及び中国の非営利セクターの現状に論及し、日
本との異同について分析を行った。そして、終章としての第Ⅶ章は、
上記の記述をもとに、各施設の実態調査を通して、介護サービスの
効率的かつ効果的な提供を可能とするネットワークづくり、組織の
マネジメント、施設長の心構えなどのトピックごとに施設間の比較
を進めながら、これからの高齢者福祉NPOの望ましい姿に論及する
とともに、本書を通して明らかとなった介護福祉NPOの実態から、
サラモンの一般理論が少なくとも日本の高齢者福祉NPOにも妥当す
ること、日本型NPOの一つの類型として高齢者福祉NPOが大きな可
能性を持っていること、超高齢社会の諸課題を解決する上で高齢者
福祉NPOの果たす役割が大きいことを結論として主張している。

注

①渋川智明『福祉 NPO』(岩波新書、2001 年) 43 頁。

②地方行政組織を取り上げたエスノグラフィーの例として、明石照久の研究がある。これは、公営住宅の管理業務、阪神淡路大震災からの復興業務などを素材として、現場サイドの視点から地方行政組織の動向を描き出している。

③明石照久『自治体エスノグラフィー——地方自治体における組織変容と新たな職員像——』(信山社出版、2002 年) 19 頁。

④明石注 (3)、前掲書、22 頁。

⑤金井壽宏『企業者ネットワーキングの世界——MITとボストン近辺の企業者コミュニティの探求——』(白桃書房、2000 年) 107 頁。

⑥Van Maanen, J., "The Boss: First Ⅰ Line Supervision in an American Police Agency." In Maurice Punch (ed.). *Control in the police organization*Cambridge. Mass.: MIT Press. 1983 米国の警察組織と人員を描き出している。

⑦Rohlen, T. P., For harmony and strength: Japanese white-collar organization in anthropological perspective. Berkeley: University of California Press. 1974 日本のホワイトカラーである銀行員の動向を描き出している。

⑧佐藤郁哉『暴走族のエスノグラフィー——モードの叛乱と文化の呪縛』(新曜社、1984 年) 日本の若者暴走族の実態と内面心理的な動向をを描き出している。

⑨Van Maanen, J., *Tales of the field*, Chicago: The University of Chicago Press. 1988

⑩カスタネダ, C. 著, 名谷一郎訳『未知の次元』(講談社学術文庫、

1993 年）

⑪宮澤節生『犯罪捜査をめぐる第一線刑事の意識と行動』（成文堂、
　1985 年）

⑫金井注（5）、前掲書

⑬佐藤郁哉『暴走族のエスノグラフィー―モードの叛乱と文化の呪
　縛』（新曜社、1984 年）296 頁。

⑭Lester M. Salamon（eds.）with the special assistance of Odus V. Elliott,
　The Tools of Government：*A Guide to the New Governance*, Oxford University
　Press. 2002

⑮佐藤郁哉・山田真茂留『制度と文化―組織を動かす見えない力』（日
　本経済新聞社、2009）の研究を通して、組織内外の制度や文化の
　「危険性」を認識し、組織内外に潜む「見えない力」を提示し、そ
　の「見えない力」を最大限に引き出す論理を解き明かすこととなった。

⑯「分厚い記述（Thick description）」とは、もともとはアメリカの人
　類学者 Geertz（1973）がGilbert Ryleの言葉を借りて提唱したことが知
　られている。彼はRyleによって示された、二人の少年が右目で目配
　せをしあっている場面を取り上げた。この場面で、実は一方の少年
　は意図的にウインクをしていたのに対して、他方の少年の瞼は単に
　痙攣していただけであったのだが、「薄っぺらな記述」ではウイン
　クと痙攣の区別はできないことを示したうえで「分厚い記述」の意
　味について説明を加えている。「分厚い記述」は、ウインクと痙攣
　の違いをしっかりと説明できる記述であり、人々の行動や発言の本
　来の意味を明らかにするような記述と言える。Geertz, C., *The Inter-*
　pretation of Cultures, New York：Basic Books. 1973, p. 6

Ⅱ　NPOの概観

　本章では、一般のNPOについて先行研究を概観し、NPOの特徴や歴史的背景を素描しながら、高齢者福祉 NPOの特徴を明らかにする。特に介護保険制度を介して行政、社会福祉法人、企業、NPOなどが協働する高齢者介護サービスのあり方の特徴を明らかにし、高齢者福祉 NPOの定義や位置づけの独自性を示していく。

1. NPOとは何か

（1）NPOの概念

　NPOとは、ノン・プロフィット・オーガナイゼーション（Non Profit Organization）の略である。直訳すると非営利組織となる。イギリスではVNPOとも言われている。VNPOはVoluntary and Non-Profit Organization（s）の略である。自発的及び非営利団体を意味する。
　NPOの一般的な概念について、アメリカのジョン・ホプキンス大学のレスター・M. サラモン教授を中心とした非営利セクター国際

比較プロジェクトの研究がある。柏木宏はサラモンの研究に言及しながらNPOであるための要件として、以下の5点を挙げている[①]。

①　非分配の原則

②　非政府性

③　フォーマル性

④　自己統治機能

⑤　自発性

　第一の非分配の原則について、柏木宏は「非営利とは、利益・剰余金を分配しないこと」と説明している。すなわち、「事業の結果として利益・剰余金が生じること自体は問題とされない。しかし、この剰余金をNPOの意思決定者である会員や理事、出資者に分配することはできない。つまり、利潤追求に影響されるのを抑制することがねらいである。剰余を分配しないことを非分配の原則という」と説明している[②]。

　この原則はNPOが利益を生み出すことを禁じるのではなく、利益を理事や出資者等に分配することができないことを意味する。このことは、今でも、一般的には、国民や、時には、NPO自体にすらまだ十分に理解されていない。日本のNPOの一層の発展が見られない原因の一つとして、この理解が進んでいないことがあげられる。

　そして、NPOの機能について、後房雄はサラモンたちの研究に基づいて次の5つの機能を挙げている[③]。

①　サービス機能

②　イノベーション機能

③　アドボカシー・社会変革機能

④　表現・リーダーシップの発展機能

⑤　コミュニティ建設・民主化機能

つまり、NPOは政府や企業に比べて、排除されがちな人へのサービスや、より質が高く、低コストのサービスなどを提供することによって、新たなアイディアや事業を生み出すバイオニアの役割や政策提言を行い、社会変革を推進することによって、社会の多元性や多様性を促進する役割などを果たしている。そのために、人々の「助けあい」意識を共有し、人々の間の「信頼」を強く築くことができる新たな「コミュニティ」を作り出すことがNPOの大きな役割であると考えられる。

（2）　日本の特定非営利活動促進法

日本で、NPOということばが広く用いられるようになったのは、阪神・淡路大震災の直後のことである。大勢のボランティアが被災者の救援に駆けつけ、これをきっかけとして、NPO 法案が国会で議論されるようになった。1998 年 3 月 19 日、「特定非営利活動促進法（通称：NPO 法）」が第 142 通常国会にて成立、同年 12 月 1 日より施行された。

特定非営利活動促進法（NPO 法）は「特定非営利活動を行う団体に法人格を付与すること等により、（中略）市民が行う自由な社会貢献活動としての特定非営利活動の健全な発展を促進し、もって公益の増進に寄与すること」を目的としている（第 1 条）。内閣府の

ホームページによると、「NPOとは、様々な社会貢献活動（事業も含む）を行い、団体の構成員に対し収益を分配することを目的としない団体の総称である」と説明されている。

特定非営利活動促進法は、民法34条に関わる特別法として位置づけられている。その意味において、特定非営利活動法人（NPO法人）は、社会福祉法人、学校法人、宗教法人、更生保護法人と同様の制度として位置づけられることとなった。従来、日本のNPOは任意団体として信頼性、安定性に欠ける運営を行うほかなく、その活動は大きく制約されてきた。そのような中でNPO法人制度がスタートしたことの意義は大きい。

その中の特定非営利活動とは、「別表に掲げる活動に該当する活動であって、不特定かつ多数のものの利益の増進に寄与することを目的とするもの」（法第2条1項）である。すなわち、特定非営利活動の20分野において、不特定かつ多数のものの利益の増進に寄与することを目的とするものを言う。

そして、特定非営利活動の20分野とは、以下のとおりである。

①　保健、医療又は福祉の増進を図る活動

②　社会教育の推進を図る活動

③　まちづくりの推進を図る活動

④　観光の振興を図る活動

⑤　農山漁村又は中山間地域の振興を図る活動

⑥　学術、文化、芸術又はスポーツの振興を図る活動

⑦　環境の保全を図る活動

⑧　災害救援活動

⑨　地域安全活動

⑩　人権の擁護又は平和の推進を図る活動

⑪　国際協力の活動

⑫　男女共同参画社会の形成の促進を図る活動

⑬　子どもの健全育成を図る活動

⑭　情報化社会の発展を図る活動

⑮　科学技術の振興を図る活動

⑯　経済活動の活性化を図る活動

⑰　職業能力の開発又は雇用機会の拡充を支援する活動

⑱　消費者の保護を図る活動

⑲　前各号に掲げる活動を行う団体の運営又は活動に関する連絡、助言又は援助の活動

⑳　前各号に掲げる活動に準ずる活動として都道府県又は指定都市の条例で定める活動

2. 理論的先行研究

（1）NPOの理論的研究

まず、NPOに関する一般理論の研究について取り上げていくことにする。非営利組織の形成や存在理由をめぐる理論的な研究は主に経済的な視点と政治的な視点から進められている（表Ⅱ–1 参照）。経済学者による非営利組織の経済理論などの基礎理論は、需要サイ

ドからのアプローチと供給サイドからのアプローチが重要であると
指摘されている。特に、ハンズマン（Hansmann）の「契約の失敗理
論」と政府の失敗や市場の失敗からNPOの存在理由を説明するワイ
ズブロッド（Weisbrod）の「公共財の理論」が良く知られている[④]。

表Ⅱ-1：非営利組織の経済理論的説明と政治理論的説明

経済理論的説明	1. 公共財理論（Public Goods Theory） （「政府の失敗」アプローチ）
	2. 契約の失敗理論（Contract Failure Theory） （「市場の失敗」アプローチ）
	3. 消費者統制理論（Consumer Control Theory） （ステークホルダー・アプローチ）
	4. 企業家理論（Entrepreneurship Theory） （供給サイド・アプローチ）
	5. 補助金理論（Subsidy Theory） （企業家・公共財アプローチ）
	6. 非営利の失敗理論（Voluntary Failure Theory） （「第三者政府」アプローチ）
政治理論的説明	1. 社会的資本（Social Capital）
	2. ガバナンス（governance）アプローチ
	3. 福祉ミックス（welfare mix）アプローチ

出典：塚本一郎・古川俊一・雨宮孝子『NPOと新しい社会デザイン』（同文舘出版
株式会社、2004 年）19~31 頁に基づき筆者作成

① 公共財理論—「政府の失敗」アプローチ

ワイズブロッドらの公共財理論によれば、政府は政治上の支持や
擁護を得るために、「中位投票者」（median voter）を満足させる水準
でしか公共財を提供できない。すなわち、政府機関は公共サービス
を提供する場合、平均的な需要を想定して平等に画一的な公共サー

ビスを供給せざるを得ない。しかし、現在、公共サービスに対する需要は多様であり、サービスの質に対する要求水準も高い。政府の画一的な公共サービスでは多様なニーズを満たすことができない⑤。そして、政府の行動に対して、その対応の遅さや官僚的な反応などの欠点があると指摘されている⑥。いわゆる「政府の失敗」であると説明される。このような欠点を回避するために、有志者達が集合した市民団体や非営利組織による公共・公益サービスを提供するような現象が見られるようになる。このように、多様なニーズに対応し柔軟なサービスを提供できる非営利組織がその役割を果たすことを期待されている。一方、政府側も非営利組織を支援し、政策・制度的枠組みを積極的に形成する傾向にある。実際に、非営利組織に国・地方自治体からサービスの提供が委ねられることが多い。日本のNPO法人が介護保険制度に参入できるようになったことはその例の一つである⑦。

　しかしながら、ハンズマン（Hansmann）によれば、ワイズブロッドらの理論には2点の限界があると指摘されている。一つ目は、近年、非営利組織の発展に伴い、非営利組織の事業化や民間化（ビジネス化）というような動きが目立ってきていることである。すなわち、非営利組織の提供している多くのサービスは公共財というよりも私的財に近いからである。さらに重要と思われる二つ目の限界は、なぜ営利企業ではなく、非営利組織が公共財で対応できない部分を担わなければならないのかについて、公共財理論では十分に説明できないということである⑧。

②　契約の失敗理論—「市場の失敗」アプローチ

　ハンズマンはワイズブロッドらの公共財理論の限界を指摘し、行政が担えない部分をなぜ営利企業ではなく、非営利組織がその部分を担わなければならないのかについての問題を説明するために、市場システム（営利企業も含む）に内在する様々な限界を指摘し、いわゆる「市場の失敗」という「契約の失敗理論」を提唱した[⑨]。

　サービスの性質によって、サービスの供給者と消費者の間に情報の非対称性が生じることがあり、特に、教育・医療・福祉・介護などの社会公共サービスの場合、サービス供給側に情報の偏在という問題があると指摘した。通常の契約メカニズムでは消費者に適切な監視手段を提供できない状態を「契約の失敗」と表現している。利潤を追求する営利組織は必要以上に質の悪いサービスを消費者に押し付ける可能性がある。他方、利益の非分配制約を有する非営利組織の方はどちらかといえば慈善を目的としているので、サービスの質を低下させるのではなく、消費者の信頼を高める方向を目指すことになるということである[⑩]。

　レスター・M. サラモンはこれに対して、「政府機関の場合、非営利組織と較べ信頼を裏切る動機がはるかに少ないはずなので、この理論に従うとすれば、非営利組織よりも政府機関に依存しなければならないという結論になりかねない[⑪]」という反論を行っている。

　しかし、ハンズマンの理論によれば、非営利組織の存在理由を十分に説明しきれないが、少なくとも、公共サービス分野において、営利組織より非営利組織の方が望ましいことが明らかにされている。

③　「サード・パーティー政府」論

政府と非営利組織のパートナーシップ関係に関する研究を行っているレスター・M. サラモンは、米国において公共サービスがますます多くのNPOや企業によって担われていることを指摘し、そのようなサービスの担い手をサード・パーティー政府と呼んでいる[12]。従来型の議論では、サービスを独占的に供給する自治体組織の経済性や効率性などに着目して、自治体の形態や組織・体制、公務員制度などが中心的な論点であったが、自治体の役割が大きく変化している現在では、サード・パーティー政府を含むプロセス全体の最適化を模索する方向に関心が移行して来ている。つまり、ガバメント（政府）ではなくガバナンス（統治）が焦点となってきているのである。

政府を組織としてではなく、ツールの視点から見ると、地域におけるガバナンスの全体構造が明らかになってくる。行政組織とサード・パーティー政府（企業・NPOなど）が協働することによって、サービスが供給される。日常的な業務の実際の運営はサード・パーティーが担い、自治体組織は主に調整者としての役割を果たす。

（2）　日本の福祉NPOに関する研究

これまでのNPOに関する組織形態論的な理論や非営利組織の経済理論、または、レスター・M. サラモンの「サード・パーティー政府」論などの基礎理論が一般のNPO 理論として研究されてきている。また、日本の高齢者福祉・介護分野におけるNPOの研究では、

「福祉NPO」や「介護系NPO」というふうに呼ばれる法制度あるい
は介護保険制度に焦点を当てた研究は存在しているものの、その数
は多くない。

　ここでは、田中尚輝・浅川澄一・安立清史の研究を取り上げて紹
介することにする。この研究では、「介護系NPO」と呼ばれている
NPOに関する法制度上の理論研究が前半を占めており、その後に実
態調査が加えられている。本書が対象とする高齢者福祉NPOに関わ
る研究が行われているので、その主な内容を以下の通り素描するこ
とにしたい。

　①　介護系NPOの地域分布

　まず、介護系NPOの地域分布調査が行われており、その記述によ
れば、全国の介護系NPOの地域分布（2001年6月）をみると、大都
市近郊部に多くが存在しており、まだ地域的な分布の偏りが大きい
ことが分かる。これは、介護系NPOの前身である市民互助団体や住
民参加型団体が、大都市近郊の住宅地に多かったからであろう。し
かし、介護保険発足後にNPO法人となって事業を展開している団体
は、急激にその数を増やしており、現在では分布は離島や過疎地に
まで広がりつつある[13]（図Ⅱ-1参照）。

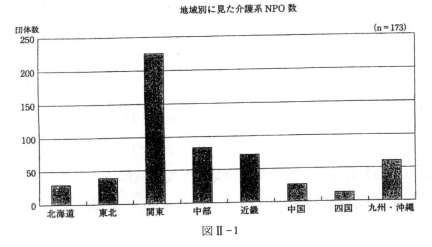

図Ⅱ-1

出典：田中尚輝・浅川澄一・安立清史『介護系 NPOの最前線―全国トップ16の実像―』(ミネルヴァ書房、2003 年) 43 頁

② 　介護系 NPOの制度枠内の介護サービス

次に介護系 NPOの行う介護保険制度枠内のサービスの分類整理を行っており、大きく次の6つのタイプに分類できるとしている（表Ⅱ-2 参照）。

表Ⅱ-2：介護系 NPOのタイプ分類

訪問介護型	介護保険枠内では、訪問介護サービスだけ提供
訪問介護+ケアプラン型	ケアマネージャーを雇用して、総合的なケアプランを作り、訪問介護サービスを提供
複合発展型	訪問介護+ケアマネージャー+デイサービスや宅老所やグループホームなどを運営して、複合的・総合的な運営・経営へ

続表

訪問介護型	介護保険枠内では、訪問介護サービスだけ提供
ケアプラン中心型	NPOらしいケアプラン作成に特化。訪問介護などは提供していない
グループホーム運営特化型	訪問介護サービスは提供せず、デイサービス、グループホーム、宅老所などの運営に特化
訪問介護+宅老所・グループホーム型	施設拠点を持って訪問介護とデイサービスやグループホーム、宅老所などを運営

出典：田中尚輝・浅川澄一・安立清史『介護系NPOの最前線—全国トップ16の実像—』（ミネルヴァ書房、2003年）43頁

③　介護系NPOの制度枠外のサービス

介護系NPOが行っている独自サービスについて、介護保険法施行以前から行っている地域での相互扶助の「ふれあい・たすけあい活動」が中心となっていることを指摘している。「ふれあい・たすけあい活動」には様々な種類があるが、基本的には有償・有料の家事援助やボランティア的サービスである[14]。

介護系NPOでは、介護保険と枠外の「ふれあい・たすけあい活動」とが「クルマの両輪」として運営されている場合が多い。それが介護系NPOの独自性や特色を生み出していると述べている。それらの活動を次の7つのタイプに分類している。

ア、家事援助型(ホームヘルプサービスのみを枠外として提供)

イ、家事援助+a型(ホームヘルプサービスを中心に、話し相手や安否確認、食事サービスなどいくつかのサービスを提供)

ウ、家事援助+移動型(ホームヘルプサービスと移送サービスを枠

外で提供）

エ、家事援助+デイサービス型（ホームヘルプサービスとデイサービスを枠外で提供）

オ、移送中心型（枠外では移送サービスが中心）

カ、デイサービス中心型（枠外ではサービスが中心）

キ、宅老所中心型（通いや泊まりなどの多様なサービスを民家で複合的に行う）

④　介護保険法に参入するNPOの特徴と役割

次に介護系NPOの特徴を整理しており、以下の3つに要約している。

第一は、ボランティア団体から発展したNPOであること。

第二は、介護保険の枠外で様々独自サービスを提供していること。

第三は、小規模・地域密着型で利用者本位の活動展開をしていることである[15]。

このように介護系NPOは、福祉ボランティアの領域と社会福祉制度との双方で活動し、法人制度的には、任意団体から公益法人へと至る過渡期的な位置にあって、さまざまな実験をしている団体であることを明らかにしている。

以上のとおり介護系NPOの分類整理を試みた後、田中尚輝・浅川澄一・安立清史は以下のとおり結論付けている。

「アメリカのNPO研究者レスター・M.サラモンによれば、NPOは、社会運動という側面と市民事業者という側面との両方の性格を持つ組

織である。一方では、社会の現状や社会制度への批判的な意識を持っ
て活動しながら、同時に政府セクターや企業セクターから経済的にも
自立して組織を運営・経営する存在であり、そのことがNPOミッショ
ンの遂行を可能にしているのである。ところが、日本においてはこれ
まで社会運動的な側面と、市民事業体という側面の双方を兼ね備えた
NPOらしい組織や団体は極めて少なかった。それは、NPOらしい団体
や組織が存立できる社会経済的な条件がなかったからである。介護保
険制度は不十分とはいえ、日本に初めてNPOが存立できるような条件
を生み出しつつある。介護系NPOに注目するのはまさにこのためであ
る⑯」。

　ここで指摘されているとおり介護系NPOは、比較的安定した経営
が可能となる制度的な裏づけを有しており、研究対象のフィールド
として一定の広がりと内容を持つ対象であることが分かる。
　そして、宮垣元は介護福祉NPOの現場においてフィールドワーク
という実態調査を重ね、ヒューマンサービスである福祉活動に必須
の「信頼」を社会学的に分析し、その代表的な事例を取り上げてい
る。そして、横浜市青葉区「グループたすけあい」の活動と組織内
容について以下のとおり具体的な紹介を行っている。
　「特定非営利活動法人グループたすけあい」（設立時は、「サービ
ス生産協同組合グループたすけあい」と呼ばれた。以下、「グルー
プたすけあい」と表記する）は、横浜市青葉区とその近隣地域を中
心に活動を行う組織であり、1985年4月に設立されている。当時

NPOという言葉もなく、またこの時期に、出資金方式で有償の非営利組織が設立された例は珍しく、以後、神奈川県内のみならず全国に設立された福祉サービスNPOのモデルとなった[17]。(表Ⅱ-3、表Ⅱ-4 参照)

表Ⅱ-3:「グループたすけあい」活動年表

時間	項目
1972 年	清水氏、生活クラブ生協活動を始めるこの間、リウマチの(寝たきり)と18 年間関わる
1983 年	横浜市のヘルパー研修を受講
1984 年	生活クラブ生協理事職の修了(5 月) この間、地域のボランティアグループなどに声をかける
1984 年	10 月に講演会を開催(120 名以上の集客) たすけあいグループの声かけに25 人ほどが賛同する。
1985 年	「グループたすけあい」正式発足(43 人からの2 万円の出資による)
1992 年	民間企業と提携 配食サービスをおこなう。
1993 年	港北区と緑区の分区に伴い「グループたすけあい」を三つの別組織に分化
1994 年	ハンディキャップの各区一台の配車が実現以後、行政の点字郵便物の発行、入浴サービスの月4 回化などの実現、全国の多くの組織の設立に関わるなど、様々な影響力を及ぼす
1999 年	特定非営利活動法人「グループたすけあい」の設立
2000 年	介護保険サービスの開始

出典:宮垣元『ヒューマンサービスと信頼』(慶應義塾大学出版会株式会社、2003 年) 197 頁

表Ⅱ-4：「グループたすけあい」のプロフィール（1998年）

組織名		グループたすけあい
活動地域		横浜市青葉区を中心に、その周辺地域
サービス内容		ホームヘルプを中心に生活支援全般
対象者		条件なし
会員数（1997年度末現在）		会員：277人 受給会員：161人
利用料金	入会金	10,000円（入会金）、2,000円（年会費）
	時間内	900円
	時間外	1,050円
報酬	時間内	720円
	時間外	840円

出典：宮垣元『ヒューマンサービスと信頼』（慶應義塾大学出版会株式会社、2003年）199頁

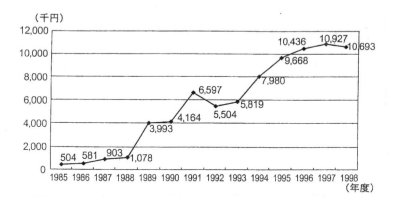

図Ⅱ-2：「グループたすけあい」の年間収入の推移

出典：宮垣元『ヒューマンサービスと信頼』（慶應義塾大学出版会株式会社、2003年）200頁

3. 高齢者福祉 NPOの特徴

（1）公共公益性

現在、NPOは基本的には公益事業を主に行う非営利組織である。従来、公共的または公益的というと、行政が行う事業や提供するサービスというイメージが強かった。しかし、コストの増加や政府機能の縮減のため、公共、公益事業に参入するNPOの割合は年々増加しつつあるし、行政事業との関連性はより強められているものと思われる。

また、NPOの活動対象と内容を見れば良く分かるとおり。NPOは自発的に不特定多数で一定の属性を持った人々の集団であるため、特定の人々や集団へのサービスを提供している。例えば、高齢者とか、障害者などが対象集団になる。そして、NPOはこうした集団のうち一つまたは複数に営利性のないサービスを提供することによって、公共的、公益的とみられる。NPO法に定められる20分野の活動内容はその典型的なものである[18]。

ところで、アメリカやヨーロッパの諸外国のNPOは、政府と対立し批判的な立場から行政事業の補完機能を志向し、その後政府とのパートナーシップの立場への変身という複雑な発展プロセスをもっている。一方、日本のNPOの発展プロセスは、ほかの国のNPOと比べて、短く、簡単なように見える。市民の自発的なボランティア団体から法人格を持ち行政事業の実施者や地域コミュニティにおける

役割を持つようになった。特に、高齢者福祉 NPOは地方自治体、地域住民と協力し合い、福祉分野での役割が無視できない重要な主体となりつつあるし、行政との協働関係がより強くなっている。

（2） 多様性

NPOは多義的な概念であり、つかみ所のない印象を与えることが多い。NPOの呼称自体が全世界の国々によって違い、多様である。例えば、ボランタリー組織（voluntary organization）、CSO（Civil Society Organization）、アソシエーション（association）などと理解されているところがあるし、ヨーロッパの一部の国・地域ではNPOやVNPOなどと呼び、あるいは、協同組合、共済組織などを包含する用語として使用されている。日本のNPOの活動分野は保健・医療、福祉、教育、環境、まちづくり、国際協力、人権擁護、職業訓練など多様であるが、同じく規模もきわめて多様である[19]。

（3） 法人格の必要性

日本のNPOの内、法人化されていない組織は、任意団体あるいは人格なき社団などと呼ばれている。そして、日本において、任意団体ではなく、法人格をもつNPO 法人が登場してきたことは望ましいと思われる。NPOの法人化はさらなる発展のために重要なポイントである考える。

NPOは営利企業や公的な組織と違い、主に「ボランティア」という組織成員から構成されるため、NPOイコール、ボランティア団体というふうに理解されている場合が多い。しかし、NPO 法によって

定められた20分野の法人格を持つ法人を安易に任意団体であるボランティア団体と言うことはできない。

　ボランティアとは「個人が自発的に決意・選択するものであり、人間の持っている潜在能力や日常生活の質を高め、人間相互の連帯感を高める活動である」と、1990年の世界ボランティア会議の総会で採択された「世界ボランティア宣言」において定義されている。したがって、このボランティア特有のボランティアリズム（volunteerism）は、「任意（自由）参加」、「自由性」等と訳される。小島廣光はボランタリズムが、①自発性、②無償性、③利他主義、④継続性の4つの原則から成り立っていると述べている[20]。

　小島廣光によると、ボランティア活動は、非営利組織に加入しないで行う場合と非営利組織に加入して行う場合の2つに大別される。そして、小島があげている両者の特徴を要約すると以下のとおりとなる。

　非営利組織に加入しないで行う場合は、ひとりで、あるいは家族、周囲の友人たちなどと任意のボランティア活動を行うため、継続性や組織性を欠いている。少なくとも自己の資源を受益者の要望に合わせたボランティア活動とは言い難い。そして、問題解決を求めている受益者が継続性を期待しても、ボランティア個人の一身上の都合や生活環境の変化、関心の変容によって活動自体を不安定なものにする等の問題点をもっている[21]。

　非営利組織に加入して行う場合は、活動の機会を得やすく、非営利組織が相互に支え合うことによりボランティア活動の継続性があ

る程度に確保しやすくなる。そして、専門家である専従職員の協力を得て、サービス効率の向上や活動規模の拡大などが可能となるといったメリットがある。反面、常勤の専門職員とボランティア個人との間で上下関係が生じやすいし、非営利組織の組織構造や組織行動管理の有効性を求められるなどの問題点がある。

　小島廣光があげている組織に属しないボランティア活動と組織に属するボランティア活動のそれぞれの特性は以上のとおりである。

　さて、阪神・淡路大震災がきっかけとなり、市民からの自発的なボランティア活動の必要性が改めて確認されたが、人々は一人でボランティアになれるわけではなく、人員の配置や活動場所を提供するNPOの中に入ることで、継続的かつ有効的な活動が可能となる。したがって、自発的なボランティア活動よりも組織化されたNPO法人の方がより重要であると認識される[22]。

　さらに、近年、組織化された法人格をもつNPO法人が介護保険法によって行政の指定事業者となり、専門性の高い介護サービスを提供するケースが少なくない。従来の市民の自発的任意のボランティア活動からこのような組織への変化は飛躍的に進んでいる。

　非営利組織の信用性の確保と組織運営の円滑化を図るためには、NPOの法人化の必要性が生じてくる。単なる人々の集団という法人化されていない組織は社会的な信用を得ることが難しいため、経済活動などの主体となることが困難である。例えば、デパートで売っているものと、個人が売っているものを比較すれば分かる。個人で売るものはその品質や修理サービスなどで不安な面がある一方、デ

パートで販売しているものはその品質や修理サービスなどの面で、信用性が高い。NPOも同じである。NPOが法人化することは人々の信用確保につながる[23]。

　そして、組織運営の円滑化のためにも、NPOの法人化が必要である。NPOが法人化することによって、非営利組織は個人ではなく法人という形式で権利主体として行動できるようになる。例えば、事務所を開く場合、事務所を借り、電話会社、ガス会社や水道事業者などと契約を結ばないといけないし、銀行口座の開設も必要となる。この場合、任意団体であれば代表者個人の名義で行い、代表者が替われば名義を変更しなければならない。一方、法人の場合はこれらのことを法人名義で行い、代表者や理事長が替わっても名義を変更しなくて済むのである[24]。

　さらに、重要なのは、非営利組織活動を行う途中でなにか事故が起こった場合、任意団体の場合、責任が代表者個人に向けられるに対して、NPO法人の場合、法人として責任が問われることになる。法人格をもつNPOは火災保険や損害賠償の保険などに入ることができ、なにか問題が生じたら保険によって補償される。例えば、移送サービスの途中で事故が起こり、クライアントが怪我をしても、損害賠償の保険に加入していれば、この保険によって補償され、運営者やクライアントの保護をできるようになる。このことは、「訴訟社会、アメリカ」では特に重視され、法人化が必要という考えが強いようである[25]。これは日本のNPOにもあてはまる。

4. 高齢者福祉 NPOの位置づけ

　日本のNPOが描く将来の社会の像はどのようなものであるだろうか。そして、将来の社会における高齢者福祉 NPOの役割はどのようにあるべきなのだろうか。それについて、田中尚輝・浅川澄一・安立清史は以下のように述べている。

　「そもそもNPOは、政府の失敗と市場の失敗を克服するために生まれ、金銭的価値や権力による強制によって動くのではなく、市民の創造性やエネルギーに依拠して、個々に人間の自発性を大切にし、そのエネルギーに依拠することによって新しい社会的な価値を創造していこうとするものである。そのことを現実化し、政府や市場に代わってNPOは人々の生活を向上させ、地域活動や将来の地球環境などを保障する役割を担っていることはNPO 活動の目的といわれている。その実績を示すことによって、NPOは政府や市場に対して影響力をもち、その3 者が相互に刺激し合うことによってそれぞれの特徴を発揮し社会の円滑な運営に寄与していこうとしている[26]」。

　こうしたNPOの一般的な役割があるなかで、高齢者福祉 NPOは、最も成果を上げやすく、かつ、多くの人々からNPOの社会的な意義について理解を得やすい立場にある。それは、NPOが高齢者福祉サービスや地域活動を担うことによって、NPOの社会的な役割について、多くの人々に認識させ、より具体的に成果を示しているため

41

である。そして、NPOがかかえる全般的な課題についても、高齢者福祉NPOは先駆的に立ち向かう使命をもっている。

　2000年4月から始まった介護保険制度によって、法人格を取得したNPO法人は、法定の基準を満たせば、介護保険の指定事業者として参入できるようになった。NPOは今後さらに大きく発展していくことが予想される。その動きに応じて様々な研究が進んでおり、主に、福祉NPOや介護系NPOと呼ばれる団体の研究が行われてきた[27]。

　福祉NPOとは児童、障害者、高齢者などを問わず社会福祉に関連する様々な活動を広範囲に含む活動を行うNPOのことをさしている。それに対して、介護系NPOは介護保険制度の始まりにともない、介護保険サービス及びそれに関連した地域の高齢者の生活支援を中心に活動するNPOを意味する。

　社会福祉の対象者の中で高齢者の比率は明らかに高く、これからも急増する傾向があるため、社会福祉サービスの重要な対象は高齢者である。そして、高齢者の老後生活、老後福祉を考えると、介護保険制度による介護、支援サービスのみの問題ではなく、生活環境の改善、医療との連携、地域福祉づくりなど様々な要素が必要であり、福祉に関わるものを全般的に考えなければならない。

　したがって、介護保険に参入している高齢者を中心とした介護サービスの提供や介護を通しての地域づくりや関連機関とのネットワークづくりなどを含めた地域福祉活動を行っているNPO法人が本書で論じる対象であり、これを高齢者福祉NPOと呼ぶことにする（図Ⅱ-3参照）。

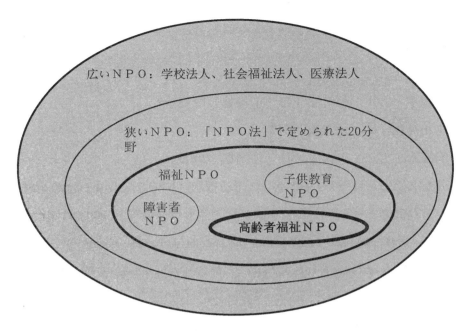

図Ⅱ-3：高齢者福祉NPOの位置づけ

出典：筆者作成

注

①柏木宏『NPOマネジメントハンドブック』（明石書店、2004 年）
　33 頁。

②柏木注（1）、前掲書、23 頁。

③後房雄『NPOは公共サービスを担えるか―次の10 年への課題と戦
　略―』(法律文化社、2009 年）105 頁。

④塚本一郎・古川俊一・雨宮孝子『NPOと新しい社会デザイン』（同
　文舘出版株式会社、2004 年）　16 頁。

⑤塚本・古川・雨宮注（4）、前掲書、19 頁。

⑥小島廣光『非営利組織の経営—日本のボランティアー』（北海道大学図書刊行会、1998 年）7 頁。

⑦塚本・古川・雨宮注（4）、前掲書、19 頁。

⑧塚本・古川・雨宮注（4）、前掲書、19 頁。

⑨小島注（6）、前掲書、6 頁。

⑩塚本・古川・雨宮注（4）、前掲書、20 頁。

⑪レスター・M. サラモン著，江上哲監訳『NPOと公共サービス—政府と民間のパートナーシップ—ヴ』（ミネルヴァ書房、2009 年）47 頁。

⑫Lester M. Salamon（eds.）with the special assistance of Odus V. Elliott, *The Tools of Government：A Guide to the New Governance*, Oxford University Press. 2002

⑬田中尚輝・浅川澄一・安立清史『介護系 NPOの最前線—全国トップ16の実像—』（ミネルヴァ書房、2003 年）41 頁。

⑭田中・浅川・安立注（13）、前掲書、44 頁。

⑮田中・浅川・安立注（13）、前掲書、38 頁。

⑯田中・浅川・安立注（13）、前掲書、40 頁。

⑰宮垣元『ヒューマンサービスと信頼』（慶應義塾大学出版会株式会社、2003 年）197 頁。

⑱柏木注（1）、前掲書、23 頁。

⑲塚本・古川・雨宮注（4）、前掲書、7 頁。

⑳小島注（6）、前掲書、9 頁。

㉑小島注（6）、前掲書、10 頁。

㉒柏木注（1）、前掲書、22 頁。

㉓柏木注（1）、前掲書、35 頁。

㉔柏木注（1）、前掲書、35 頁。

㉕柏木注（1）、前掲書、35 頁。

㉖田中・浅川・安立注（13）、前掲書、30 頁。

㉗田中・浅川・安立注（13）、前掲書、8 頁。

Ⅲ　高齢者福祉 **NPO** と介護保険
制度との関わり

　本章では、社会保険としての介護保険制度の概要を把握するとともに、介護保険制度の中で指定事業者として現場の介護サービスを提供する主体としての高齢者福祉 NPO の関わりや位置づけについて明らかにしていく。特に本章では、第Ⅳ章で記述される現場実態を正確に理解するための前提となる介護サービスの制度的な側面を整理しておきたい。

1. 介護保険制度とNPO

（1）介護保険制度におけるNPOの位置づけ

　1998 年「特定非営利活動促進法（NPO 法）」の成立により、NPOの前身である、地域で主婦らが自発的に活動してきたボランティア団体にNPO 法人という具体的な法人格が付与されることになった。そして、2000 年から始まった介護保険法により、それらの法人格を取得したNPO 法人が介護保険の指定事業者として参入できるようになった。介護保険制度が始まる前に、高齢者福祉の分野では

租税による措置制度でケアを行ってきた。そのため、行政が委託した社会福祉法人、医療法人しか高齢者福祉サービスに参入することができなかった。そして、地域で主婦らが自発的に手弁当で細々と活動してきたボランティア団体、または住民参加型在宅福祉サービスを担ってきた任意団体によって高齢者を対象にした在宅サービスが行われてきた。

　介護保険制度の実施以後、法人格を持つNPOは指定事業者として介護保険サービスを提供すれば、保険から介護報酬が支払われ、安定的な収入が見込めるようになった。財政の自立はNPOの活動の場を広げ、これまでにない活動の可能性が広がった。このように介護保険法は、NPO活動、特に高齢者福祉分野のNPOにとって飛躍的な転機になったと言える。

　もちろん、どんなNPO法人でもOKというわけではない。厚生労働省は指定基準を定めている。事務所に常勤管理者を置き、ヘルパーなど常勤換算で2.5人以上配置するなどの条件を満たせば、ホームヘルパーを派遣する指定居宅サービス事業者、あるいはサービス計画を立案しケアプランを作成する指定居宅介護支援事業者として都道府県の指定を受けられることになっている[①]。

　かくして、日本のNPOにとっては2つの制度的インパクトがあった。特定非営利活動促進法（NPO法）と介護保険法である。これらの制度創設に伴って、高齢者福祉NPOは発展し、事業内容も変化してきた（図Ⅲ-1参照）。今回、本書の調査対象はC型である。すなわち、多くは介護保険制度が施行された直後から数年の内にNPO法

人を設立し介護居宅サービス事業者となり、介護サービスの提供を中心とした活動を行っているNPOが対象となっている。

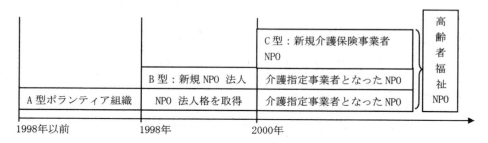

図Ⅲ-1：高齢者福祉 NPOの発展プセス

出典：筆者作成

　介護保険制度によって、介護保険サービスは大きく二つに分けられている。一つ目は、施設サービスである。二つ目は、居宅サービスである。すなわち、高齢者が施設で生活をしながら介護保険サービスを受けるという施設サービスと居宅生活をしながら介護保険サービスを受けるという居宅サービス、この2つに分けられている。具体的に施設サービスと居宅サービスの内容について、図Ⅲ-2と表Ⅲ-1を参照してほしいと思う。

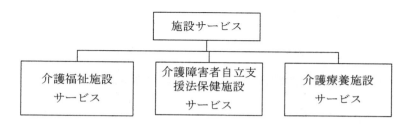

図Ⅲ-2：介護保険法に基づいた施設サービスと呼ばれる内容

出典：介護保険法をもとに筆者作成

表Ⅲ-1：居宅サービスの内容

訪問サービス	訪問介護、訪問入浴介護、訪問看護、訪問リハビリテーション、居宅療養管理指導
通所サービス	通所介護、通所リハビリステーション（デイケア）
短期入所サービス	短期入所生活介護、短期入所療養介護
地域密着型サービス	小規模多機能型居宅サービス、夜間対応型訪問介護、認知症対応型通所介護、認知症対応型共同生活援助事業（グループホーム）、特定施設入所者生活介護
その他のサービス	福祉用具貸与、特定福祉用具販売、居宅介護住宅改修費（住宅改修）、居宅介護支援

出典：介護保険法をもとに筆者作成

　施設サービスにおいては、主に社会福祉法人や医療法人や地方公共団体などがその提供主体として定められている。一方、指定事業者となったNPO法人が提供できるサービスは居宅サービスに該当する内容に限定されている。その違いを図にすると以下の通りである（表Ⅲ-2参照）。

表Ⅲ-2：介護保険制度における各事業者の活動範囲

介護保険制度によるサービス	
施設サービス	居宅サービス
社会福祉法人・医療法人等	ＮＰＯ法人 営利法人

出典：介護保険法をもとに筆者作成

　居宅サービスにおいて、NPOは実に多様なサービスを同時に提供している。例えば、今回の調査対象である「あやの里（NPO）」は、認知症対応型共同生活援助事業(グループホーム)、短期入所生活介護（ショートステイ）、通所介護（デイサービス）などのいくつかの居宅サービスを提供している。「おーさぁ（NPO）」は小規模多機能型居宅サービス、通所介護（デイサービス）などを提供している。このように、多くのNPOは地域密着型居宅サービスを中心に事業を展開している。

　介護保険制度はできるだけ居宅で自立した日常生活を可能にしようとするものである。サービス利用者の現状と希望を考慮したうえで、要支援か要介護かの状態によって判断し、居宅サービスを優先的に考慮したうえで、居宅での生活が困難な場合には施設サービスを選択することを原則としている。したがって、高齢者人口が急増している大きな社会背景の中で、様々な居宅サービスを提供しているNPO法人は介護保険制度において、「指定居宅サービス事業者」として重要な位置付けをもつこととなった。

（2）介護保険制度におけるNPOの役割

　介護保険制度のサービスだけで満足できる人は少ない。制度の枠外でかつ必要なサービスを高齢者福祉 NPOが担わなければならない。介護保険制度の利用者と利用家族の急増とともに、介護保険サービスの利用者が身近な存在になってきている。しかし、介護サービスの量が増えてきているが、介護保険のサービスそれだけでは

多様なニーズに対応することは難しい。「健康な老後生活をおくる
ためには、介護保険制度の枠外に新たなサービスを自分達で創り出
さなければならない」と多くの介護サービス関係者は考えている。
そのような状況の中で、ニーズに合った新しいサービスを多様に作
り出し、提供できるのは、高齢者福祉NPOである。

　「指定居宅サービス事業者」として在宅サービスを提供している
NPOは、制度上で定められる1時間内で介護サービスを行ってから、
30分程度の枠外のサービスを行うという「NPO方式」を採用して
いた。その結果、高齢者の生活を支援していくには、枠外のサービ
スは不可欠であるという認識と、「助け合い」精神がますます多く
の関係者に広まっている。例えば、簡単な家事援助をしたり、話し
相手になり世間話をしたり、買い物をしてあげたり、散歩の付添、
そして食事や移送サービスなど様々な活動がある。制度の枠外の
サービス料金については、無償でやっているところもあるし、謝礼
金や会費でまかなうところもある。

　こうした規定外の福祉サービスは実はNPOのみが担っている。営
利事業者では、それを提供することは困難だからである。なぜなら、
こういったサービスは細切れの時間帯、深夜と早朝を含む不規則な
時間帯であることと、時にはサービスの質に関わる要介護者の心の
ケアを含むものだからである。少なくともこの2点は、収益を重視
する営利事業者の視点から見れば採算に合わない②。

　しかし、2005年に介護保険法の改正が行われた。予防重視の視点
から家事援助や買い物援助などの従来制度内に含まれていないサー

ビスを制度に取り入れ、このサービスを介護報酬対象として事業者に支払うことになった。介護報酬金額の引き上げと範囲の拡大によって、高齢者福祉NPOにとって単価と収益が増え、運営資金の確保がより容易になった。このことは、営利事業者にとっても同じことであり、その結果、これまで提供してきたNPOの独自なサービスの範囲が減ってきている。

　この制度の改正は高齢者福祉NPOにとって、不利、不公平感が感じられるが、高齢者福祉NPOが行ってきた枠外のサービスが高齢者のニーズに適合し有意義なものであるということを、国も認識し始めた証拠言えるのではないだろうか。そして、何よりも、ここで強調しておきたいこととは、高齢者福祉NPOが先に立って、利用者の信頼を勝ち取ったことと、福祉分野で展開してきた活動によって、NPOに対する市民の認識を高め、利用者にサービスの選択範囲を広げ、NPOというもう一つの選択肢を創り出したことである。この2点こそ、画期的なことであって、高齢者福祉NPOの果たした大きな貢献であるといえる。

（3）NPOにとって介護保険制度の重要性

①　収入の増大

介護保険事業者になった高齢者福祉NPOは、安定的な収益事業を確保したことによって、収入の増大という変化が生まれた。この収入の増大によって、人件費の増加や事務所の拡張、新規事業への進出が可能になったのである。

　介護保険事業者になる以前は、通常、専任の職員の報酬は年ベースで100万円程度であった。とても低く、生活ができる金額ではない。介護保険事業者になることで、管理責任者においては年収300~500万円程度に、サービス提供責任者（中間管理者）においては200~400万円程度になってきている。ただ、時間的に不規則なこと、重労働と細かな気配りが求められていることなど、仕事の内容から評価すれば恵まれている状況ではないが、それ以前の年収のレベルと比べれば、生活ができる水準になってきていることは事実である。しかし、これは専任職員の報酬であって、多くの登録ヘルパーの場合には、時間数にもよるが月額5万円から15万円であり、年収から見ると100~200万円程度に留まっていて、依然として厳しい状況とも言える[3]。

　収入増大のもう一つの利点は、利用者である高齢者とその家族に面会し、相談を受けたり、打ち合わせしたりする場所を確保することができるようになったことである。以前の事務所は、安いアパートや自宅の一部であったが、今では、お客さんを招いても恥ずかしくない程度の事務所に移転することが出来ている。そして、これまではニーズがあると感じながらも、資金不足により実行できなかったデイサービスやグループホームなどの新規事業への進出ができるようになった。これは、高齢者福祉NPOにとって、安定的な収入を確保できることにより、財政力の強化につながり、専任の職員を長期的に置くことができるようになって、奮闘できる条件整備ができつつあることを意味している。

　② 収益事業・本来事業との両立

　以上のように、収益の増大により様々なメリットがあるものの、こうなることで、NPOの本来のミッション実現のための本来（公益）事業の比重は低くなり、収益事業重視型NPOになるのではないかという懸念がある。しかし、こういう心配はいらないと思う。

　介護保険事業者になったNPOの原型である住民参加型非営利組織団体をもう一度見てみたいと思う。その中で、もともと高齢者福祉分野での活動を行ってこなかった団体が安定的な収益を得るために、介護保険事業者となって訪問介護サービスなどを始めたところがある。また、もともと福祉分野での活動を行ってきた団体が介護保険法の制定をきっかけに介護保険サービスを始めたところも多い。前者と後者、どちらの団体も最初の段階において、初めての介護サービス実施であるので、専門的な知識や法律を学ばなければならないため、理事会や事務局も全力をあげてこの公的サービスをしっかり実行できるように努めなければならない状況にあり、外観ほど収益事業に集中しているわけではない。

　後者の団体はもともと福祉分野のことを知っているため、介護制度枠外のサービスをうまく取り入れて、枠内のサービスと融合して提供している。前者の団体の一部は、もともと高齢者福祉分野での活動を行ってこなかったが、介護を必要とする高齢者数がとても多く、ニーズがある事業であると気づき、継続的に参入するようになった。それらの団体は、次第に後者の団体の事業構成に近づいてきている。

　しかし、前者の団体の一部分にはなお問題が残されている。継続的に質の良いサービスを提供するためには、専門的な知識、経験豊かな職員、そして、何よりも利用者の人数を確保しなければならない。さらに、行政機関や医療関係者とのネットワークを作らなければならない。このような解決すべき課題が多いため、十分な対応ができないのではないかと一部では危ぶまれている。そして、介護保険事業者から撤退し、自らの使命とは何かをもう一度考え直してから活動するケースも見受けられる。

　収益事業重視なのか、公益事業を重視なのかを敢えて選択せず介護保険制度に参入しないNPO団体も存在する。福祉分野以外で活躍しているNPO法人は42.2％もあることを思えば明らかであろう。従って、介護保険制度の発足を契機として、収益事業重視型NPOが増加したことはニーズに対応した結果であって、それほど重要な問題ではないと思われる。重要なことは、介護保険に参入している高齢者福祉NPO法人にとって、どうすれば継続的かつ質の良いサービスを提供できるかという点にある。

　③　雇用関係の発生

　介護保険事業者となったNPO法人を困惑させる問題がもう一つある。それは、NPO法人の内部の雇用関係の発生である。以前は、理事長や会員であるスタッフやホームヘルパー、配食スタッフが、「仲間」、「同志」関係でボランティア活動を実施してきた。ところが、現在、介護指定事業者になり契約したサービスを一定の基準で正確に行うため、労働賃金を受け取ることになった。そして、「就業規

則」や「賃金表」を皆で作らなければならないし、各種の社会保険
と労働保険への加入が義務化されることになったのである。このた
め、以前は仲間のような関係であった理事長が雇用主となって、会
員スタッフを雇うというこれまでにはなかった雇用関係が生じてき
たのである④。

　このことは、高齢者福祉分野ではない他の分野からの新規参入の
NPOにとって、とてもやりにくい部分である。収益事業である介護
サービスにおいては雇用関係となり、枠外サービスや本来（公益）
事業においてはこれまで通りの同志関係である。この2つの異質な、
それも相互に対立する価値観を両立させていかなければならなら
ず、事業を進める中で、収益事業に事業の重心が移り、本来事業を
中止してしまうケースが極めて多いと言われている。これは収益事
業重視ではなく、理念重視のNPO法人にとっては、とても難しい問
題である。

　要するに、介護保険事業に参入したNPOは「事業型 NPO」とし
て、収益重視の運営を行う傾向が強く、その変化の真の原因は先に
述べた雇用関係の発生にあると考える。収益重視の運営を続ける
と、本来のNPOとしての理念や公益追求の姿勢から離れていくこと
が危惧される。

　しかし、高齢者福祉NPOとして成功している事例では、この収益
性と公益追求がバランスよく取り入れられている。この「無償」と
「有償」、「雇用関係」と「同志関係」の融合は事業成功の鍵となっ
ている。これらの二つの性格を兼ね備えていることが「日本型

NPO」の特徴であるといえる。

　日本の福祉思想は長い間「恩恵的福祉」に支配され、福祉受給者への差別や受給者の権利を十分に尊重しない事態がしばしば起こっていた。そして、ボランティア活動についても慈善や奉仕などの意味が強調され、「奉仕活動」や「慈善活動」という用語が使われていた。それらの行為は「仕えて奉じる」あるいは、「善いことをして慈しむ」というような、縦型の関係の下における一方的なサービス提供という感覚でとらえられていた[⑤]。

　しかし、現在、特に、介護保険法ができてから、「措置」から「契約」へと移行し、いわゆる、福祉ミックス、参加型福祉が登場するなどのように日本の福祉思想は少ずつ変わってきた。

　一方で、日本のNPOのボランティア思想についてはどうなるのであろうか。その答えは、多くの国民は特定非営利法人NPOについて、まだ十分に理解していないということである。NPO自体の発展は介護保険法ができてから一時大きく成長したが、今多くのNPO法人、特に高齢者福祉NPO法人は伸び悩んでいる状態である。

　日本でのボランティアの力は小さいものでしかないが、その原因にとしては、ボランティア団体の運営が未成熟であることや国民がボランティア活動を理解していないためなどの説があげられている。実は、根本的な原因は「善いことをして慈しむ」というような、縦型の関係の下における一方的なサービスの提供にあると思う。このような考え方を正さない限り、上下関係を基軸とする恩恵的福祉と同じようなものになり、国民の理解を得られないであろう。

　時間的・金銭的余裕を持っている人から慈善事業を起しても一般市民の心に響かない。これが、ボランティア団体共通の悩みである。それは、「我々は良いことをやっているのになぜ参加してくれないか」ということである。それに対して、「良いことをやっている」から参加しなければならない理由は何かと聞きたい。「良いことをやっている」イコール参加してくれるのではなく、参加させる動機付けを創らなければならない。住民が困っていることは何かを明確にし、そこで課題を探し出し、課題解決に参加する理由を明らかにし、継続的に参加できる環境づくりをしなければならない。

　今、日本の福祉思想が大きく変わろうとしている状況を背景に、今後、NPOに合うマネジメントの要素を取り入れながら、NPO精神の再検討を含めて、具体的な内容の充実を図らなければ高齢者福祉NPOのさらなる大きな発展は難しいと考えられる。

2. 介護保険制度の概観

（1）介護保険制度とは

①　介護保険制度導入の背景

日本の総務省統計局が行った平成22年の国勢調査によると、平成22年10月1日現在の日本の人口は1億2850万6千人、平成17年~22年は横ばい（年平均0.05％増）、平成17年から0.2％増と調査開始以来最低の人口増加率であることが分かった。総人口を男女別にみると、男性が6250万1千人（総人口の48.8％）、女性が6555万5千人

（総人口の51.2%）、そのうち、65 歳以上人口は2929 万 3 千人（総人口の23.1%）である。平成 17 年と比べると、65 歳以上人口は362 万 1 千人（14.1%）増加したことが分かった。

　総人口に占める65 歳以上人口の割合を諸外国と比べると、日本はイタリア及びドイツ（共に20.4%）を上回り、世界で最も高い水準に至った。さらに、2015 年（平成 27）には、いわゆる団塊の世代が高齢期を迎えるために、65 歳以上の高齢人口は約 3380 万人となり、高齢化率も27%と4 人に1 人以上が高齢者となる。その後も総人口は減少し続けるが少子高齢化はさらに進み、2055 年（平成 67）の高齢化率は40%を超えると予想されている。したがって、高齢者福祉・介護にめぐる様々な課題は緊急かつ重要である。

　1997（平成 9）年12 月に介護保険法が公布され、2000（平成 12）年4 月 1 日から施行された。高齢者が保険料を自己負担して、介護保険のサービスを必要なときに利用できる。これについては、基本的にドイツの介護保険制度の仕組みを参考にして作られたという。しかし、ドイツの介護保険制度と異なる点を併せもっている。ドイツの場合は、純粋に介護のみで医療の部分はまったく入っていない。日本の場合は、医療の部分が曲がりなりにも入っている。国の主導で70 歳以上の老人医療費の無料化が実施されることによって、徐々に多くの高齢者の方が病院に入院し、社会的入院という社会問題になり、病院での老人医療費は急激に増加してしまった。医療保険で介護を保障してきた実績と既得権があるため、それまでの老人病院、老人保健施設をそっくり介護保険に移させる必要があった。こ

ういう事情もあって介護保険制度が作られた。

　介護保険制度が導入されるに至ったのには、それなりの理由があった。そこで、まず、介護保険制度が導入された背景について見てみたいと思う⑥。

　第一の背景としては、高齢社会が急速に進み、それに伴って高齢者の介護期間が長期化していることと、さらに後期高齢者が増えてくることによって重症化していることである。そして、誰もが将来高齢者になる。老後の介護は老後生活における最大の不安要因としてあげられる。

　第二の背景としては、社会構造の変化をあげることができる。核家族化が進み、多くの女性が社会進出を果たすようになった。この結果、少子化も進み、家族による狭い範囲での介護はもはやできなくなりつつある。社会全体で高齢者を支える必要性が生じてきている。

　第三の背景は、介護サービスについて、措置から契約へと変化したことであろう。つまり、消極的な介護から積極的な介護へ進化したと言える。これまでは、いわゆる寝たきり高齢者の支援という消極的な介護に止まっていたわけである。しかし、健康な老後を過ごすためには、介護状態にならないようにするという積極的な介護の視点がとても大事である。それがなければ介護の長期化・重症化がさらに進んでしまう。そして、積極的な介護サービスを提供する手法として、行政の措置ではなく、使いやすい社会保険というシステムに基づいて介護サービスを提供することに意味がある。

　第四の背景は、「社会的入院」という問題があったことである。

　つまり、高齢者は帰宅しても、在宅での療養ができないため長期間入院を余儀なくされる。長期間入院に依存していたのでは、健康な老後生活はあり得ない。したがって、それをなんとか解消しなければならず、介護保険制度を導入することによって、老人医療費の抑制が果たされると期待されている。

　第五の背景は、介護保険の導入によって高齢者を支える仕組みとして、介護と医療の二つの支柱を確保することができるようになったことである。介護保険の導入によって新たな保険集団が形成され、保険事故に対するより手厚い対応に期待が寄せられている。また、高齢者福祉の分野において雇用機会が創設されつつあり、新たな市場開拓の可能性も広がっている。

②　介護保険法の基本的理念

　介護保険法の第 1 条は次のように定めている。「介護保険法は、加齢にともない要介護状態になった者が、能力に応じて自立した日常生活を営めるよう、必要な保健医療・福祉サービスを行うために、国民の共同連帯理念に基づく介護保険制度を設け、保険給付などの必要な事項を定めることによって、国民の保健医療の向上と福祉の増進を図ることを目的としている」。

　伝統的な日本の家族観では、親の面倒は長男さらに言えば嫁が見るという暗黙の了解があったと言えるが、介護保険は家族の有無や扶養の意思の有無に関わらず、本人の状態に基づいてのみ介護保険サービスの受給が決まるのである。その意味で、介護をする第一の

責任が家族から国・社会に移ったということができる。そして、介護保険法において再構築された新しい介護は医療と福祉の理念を一貫化、一体化にしたともいえ、「社会的入院」という問題の改善にもつながっていた⑦。

　従来の福祉の考え方によると、基本部分については家族が担い、家族が対応できない部分を行政で対応していた。したがって、家族のいる高齢者よりも、一人暮らしの高齢者の方が福祉サービスを受ける優先順位が高くなっていた。ところが、介護保険になると、両者はまったく同じ給付を受けることができる。そういう意味で従来の考え方と非常に発想が違うと思われる。

　介護保険制度の導入によって、高齢者の最大の不安要因となっている介護サービスを社会保険という仕組みを用いて提供し、不安を抱える高齢者を社会全体で支え、利用者の希望を尊重したサービスを受けることができるようになったのである⑧。

　③　介護保険制度の主な内容

　介護保険制度は社会保険のシステムに基づいて作られてきた。だから、保険者と被保険者があるわけである。介護保険の保険者つまり運営主体は、国民に最も身近な行政単位である市町村である。介護保険法の第3条によって、「市町村及び特別区は、この法律の定めるところにより、介護保険を行うものとする。市町村及び特別区は、介護保険に関する収入及び支出について、政令で定めるところにより、特別会計を設けなければならない」と書かれている。

　国、都道府県などは、介護保険事業の運営が健全かつ円滑に行わ

れるように、財政面や事務面から市町村を重層的に支援する仕組み
になっている。介護保険法の第9条によって、被保険者は市町村の
区域内に住所を有する者で、第1号被保険者と第2号被保険者に分
けられている。第1号被保険者は65歳以上の者、第2号被保険者は
40歳以上65歳未満の医療保険加入者である。

　介護保険は、被保険者の要介護状態又は要支援状態に関し、必要
な保険給付を行うものとする。介護保険法の第7条によれば、要介
護状態とは、「身体上又は精神上の障害があるために、入浴、排せ
つ、食事等の日常生活における基本的な動作の全部又は一部につい
て、厚生労働省令で定める期間にわたり継続して、常時介護を要す
ると見込まれる状態であって、その介護の必要の程度に応じて厚生
労働省令で定める区分(以下「要介護状態区分」という。)のいずれ
かに該当するもの(要支援状態に該当するものを除く。)をいう」と
なっている。要介護状態区分(要介護度)は1から5まである。具体
的には、「直接生活介助」「間接生活介助」「問題行動関連介助」
「続機能訓練関連行為」「医療関連行為」といった五つの領域に要す
る時間の合計によって決められる[9](表Ⅲ-3参照)。

表Ⅲ-3：要介護度による時間と主な内容

区分	要介護時間	状態像例
要介護1	30〜65分	部分的介護：排尿・便後の後始末に間接的な介助：入浴に関する一部または全部介助、爪切り、衣服着脱に一部介助、居室の掃除、金銭の管理等の一部。

続表

区分	要介護時間	状態像例
要介護2	65~100分	中等度の介護：排尿・便後の後始末に間接・直接的な介助：入浴に関する一部または全部介助、室内の掃除、金銭の管理等の一部または全介助。
要介護3	100~135分	重度の介護：洗身、衣服着脱、居室の掃除、薬の内服、金銭の管理等に全介助、物忘れ、暴言・暴行がふえる。
要介護4	135~170分	最重度の介護：衣服着脱全介助：物忘れ、暴言・暴行、問題行動が見られる。
要介護5	170分以上	残酷な介護：生活の全面にわたる全介助：意思の伝達がほとんどまたは全く不可。

出典：橋本信也『2000年からの医療と介護』(中央法規出版株式会社、1999年)82頁をもとに筆者作成

　介護保険法の第7条の2には、要支援状態とは、「身体上若しくは精神上の障害があるために入浴、排せつ、食事等の日常生活における基本的な動作の全部若しくは一部について厚生労働省令で定める期間にわたり継続して常時介護を要する状態の軽減若しくは悪化の防止に特に資する支援を要すると見込まれ、又は身体上若しくは精神上の障害があるために厚生労働省令で定める期間にわたり継続して日常生活を営むのに支障があると見込まれる状態であって、支援の必要の程度に応じて厚生労働省令で定める区分（以下「要支援状態区分」という。）のいずれかに該当するものをいう」と規定されている。要支援状態（要支援度）は要支援1と要支援2に分けられている。要支援状態とは、日常生活の一部に支援が必要だが、要介護状況が軽く、生活機能が改善する可能性の高い状態をいう。要支援

の介護時間は30分未満(間接生活介助+機能訓練関連行為5分以上)である。要介護にならないように予防支援が必要になる。例えば、つめきり、洗身、薬の内服、金銭の管理等の一部介助、生活機能が改善させるためのリハビリ等の訓練関連行為などである。介護保険法による認定された要介護、要支援の状態区分の範囲内で、自分に合う介護サービス、支援サービスを自由に選択して「契約」の仕組みで利用することができる。具体的な内容は以下のようになっている(表Ⅲ-4参照)。

表Ⅲ-4：要介護サービスと要支援サービスの具体的な内容比較

要介護サービス	要支援サービス
居宅サービス	介護予防訪問介護
訪問介護	介護予防訪問入浴介護
訪問入浴介護	介護予防訪問看護
訪問看護	介護予防訪問リハビリテーション
訪問リハビリテーション	介護予防居宅療養管理指導
居宅療養管理指導	介護予防通所介護
通所介護	介護予防通所リハビリテーション
通所リハビリテーション	介護予防短期入所生活介護
短期入所生活介護	介護予防短期入所療養介護
短期入所療養介護	介護予防特定施設入居者生活介護
特定施設	介護予防福祉用具貸与
福祉用具貸与	特定介護予防福祉用具販売
特定福祉用具販売	地域密着型介護予防サービス
地域密着型サービス	介護予防認知症対応型通所介護
夜間対応型訪問介護	介護予防小規模多機能型居宅介護

続表

要介護サービス	要支援サービス
認知症対応型通所介護	介護予防認知症対応型共同生活介護
小規模多機能型居宅介護	介護予防支援
認知症対応型共同生活介護	
地域密着型特定施設入居者生活介護	
地域密着型介護老人福祉施設	
居宅介護支援	
介護保険施設	
施設サービス	
介護老人福祉施設	
介護老人保健施設	
介護療養型医療施設	

出典：介護保険法をもとに筆者作成

④　高齢者福祉を担う専門職員(マンパワー)

　介護保険制度が導入されるとともに福祉・介護サービスに従事する専門職員の数は急増している。今後、社会福祉領域が巨大な労働市場になるのは間違いない。とくに福祉関係の大学、専門学校の学生だけではなく、第二の人生を歩もうとしている子育てを終えた女性たちと退職した人たちが福祉や介護の仕事への興味を持ちはじめている。

　なぜ福祉・介護の仕事を選んだのか。それは、近年金融危機の影響で景気が後退している一方、介護を必要とする高齢者のニーズは増え、介護の手が不足しているため福祉・介護への仕事に目が向けられるようになってきているからであろう。また、長時間労働、仕

事の環境、人間関係によるストレスの発生などの通常の職場と違って、安定性があり、「ありがとう」と言われるやりがいのある仕事として福祉・介護の職業を志望するようになった人が多いことも一つの要素として考えられる。

　しかし、人間である高齢者が仕事の相手となるため、その福祉従業者の量だけの問題ではなく、質についても重要な論点となっている。社会福祉基礎構造改革のなかでも「人材養成・確保」という項目を設け、「福祉サービスに必要な専門的な知識や技術の取得だけではなく、権利擁護に関する高い意識を持ち、豊かな感性を備えて人の心を理解し、意思疎通をうまく行い、相手から信頼される人の育成を目標にする必要性」について述べられている。そのため、社会福祉専門職の養成については実習期間の延長や研究の充実が強調されている[10]。

ⅰ　介護支援専門員(ケアマネージャー)

　福祉関係の職業、従業者の資格は様々である。まず、福祉サービス計画を作成してもらうという身近な存在となっているケアマネージャー、正式に言えば介護支援専門員から紹介しよう。介護支援専門員(以下、ケアマネージャーと呼ぶ)とは介護保険法の制定にともなって誕生した新しい公的資格である。介護保険法において要支援・要介護認定を受けた人からの相談を受け、居宅サービス計画(ケアプラン)を作成し、他の介護サービス事業者との連絡、調整等を取りまとめる者のことであり、通称ケアマネージャーと呼ばれる。この介護支援専門員は、指定居宅介護支援事業者(介護サービ

ス計画作成機関）や介護保険施設において配置が義務づけられている。また、市町村から要介護認定に関わる調査の委託を受けた場合、介護支援専門員が訪問調査を行うことができるようになっている[11]。

　橋本信也はケアマネージャーについて、旅行代理店の例えを用いて、次のように説明している。旅行代理店が顧客からの依頼を受け、希望の目的地と予算によって、旅行プラン、アドバイス、チケットやホテルの予約などニーズに応じる役割を果たしているのと同じように、ケアマネージャーは要介護者等からの相談に応じ、また彼らの状況によって居宅サービスや施設サービスを利用するための計画や援助を行う。そして、サービス利用者である要介護高齢者等の解決すべき課題を訪問調査によって分析し、解決するためのプランを作成し、そのプランに従って各種サービスの種類や内容について、サービス事業者との調整・仲介を行う。また、要介護認定に関する業務や介護支援サービスに関する業務も行う。

　つまり、ケアマネージャーは様々な機関と人に関わって仕事をしていることになる。介護に関する専門的な知識と制度もよく理解しなければならないし、高いコミュニケーション能力と調整力も要求される。しかし、毎年 10 万人以上がその資格試験を受験しているが、資格を取得するものの、責任の重さに見合うだけの報酬が得られないなどの理由により、介護支援専門員として働かない者も多く存在するのは一つの課題である。また、ケアマネージャーは市町村からの委託により、訪問調査員として要介護認定に伴う聞き取り調査を行う。そうすると、ある福祉施設のケアマネージャーは自らの

大事なお客さんに出来る限り給付が多くなるように判定したり、所属している施設のサービスを中心としたケアプランを進めたりすることが十分考えられる。こうしたことに対して、厚生労働省は「市場原理に委ねる」という基本的な考え方に立っている。つまり、作成されたプランを利用者が選択し、適切ではないプランの作成者が淘汰されていくという考え方である。

　ケアマネージャーの資格を得るためには試験を受ける必要があるが、医師、保健師、社会福祉士、介護福祉士、看護師など実務5年以上の専門員（実務10年以上の従業者）ではないとまず受験する資格がない。本来ケアマネージャーとして働いている人は多くない。ケアマネージャーの資格を得た社会福祉士、介護福祉士、看護師など実務5年以上の専門員たちはすでに施設や事業所に勤めっているという状況を考えれば、厚生労働省の「市場原理に委ねる」という考え方には大きな疑問を感じる[12]。

　ⅱ　訪問介護員（ホームヘルパー）

　次に、よく耳にするホームヘルパー、訪問介護員について紹介したいと思う。加藤佳子は、ホームヘルパーを次のように定義している。訪問介護員（ホームヘルパー）とは、「高齢者や身体障害者といった介護や支援を必要とする者の自宅を訪問し、家事援助サービスや介護援助サービスを提供する専門職員である[13]」。介護支援専門員（ケアマネージャー）は公的資格であるが、訪問介護員になるための資格や要件は現在特にない。しかし、ホームヘルプ事業に参加するうえで、国が規定したホームヘルパー養成研修を修了しなければ

ならない。資格の段階はホームヘルパー 3 級から 1 級まである。

　福祉施設に所属している訪問介護員のほかに、市町村、非営利団体(NPO)、民間の在宅介護サービス事業者などから訪問介護を委託され介護保険サービスを行う訪問介護員もいる。主に食事の介助や入浴、排泄、衣服の着脱といった身体介護サービス、掃除、洗濯、買い物といった家事援助サービスなどを行う。時には利用者の家族に対しての介護技術の指導を行う。しかし、重労働で身体的な負担が大きく、報酬面でも恵まれていないなどの理由から途中でやめてしまう訪問介護員が少なくない。介護保険制度の改正によって居宅サービスを中心に運営されることになったため、訪問介護員がさらに必要になってくることが予想される。人材確保はいまだ重要な課題である。

　iii　介護福祉士

　次に、国家資格として規定された介護福祉士と社会福祉士について紹介したいと思う。介護福祉士、社会福祉士、精神保健福祉士と並ぶ福祉の国家資格(通称：三福祉士)のひとつである。1987 年(昭和 62 年)の社会福祉士及び介護福祉士法により福祉の相談援助に関わる資格である社会福祉士と共に創設された。社会福祉士及び介護福祉士法第 2 条第 2 項は「介護福祉士は介護福祉士の名称を用いて、専門的知識及び技術をもって、身体上又は精神上の障害があることにより日常生活を営むのに支障がある者につき心身の状況に応じた介護を行い、並びにその者及びその介護者に対して介護に関する指導を行うことを業とする者をいう」と規定している。

　具体的な仕事の内容は、要介護とされる高齢者、障害者などに対して、掃除、洗濯、入浴や排泄、衣服の着替えといった身体介護を中心に行うことである。また、病気の初期症状における見守りや与薬、水分補給、医療機関への連絡などを行う場合もある。さらに、介護者である家族に対する介護指導や助言、近隣との対人関係の調整なども行う[14]。

　つまり、介護支援専門員と訪問介護員と比べて、介護福祉士の方が介護あるいは医療に関する高い専門知識が必要なうえに、各段階においての指導、助言、連絡・調整などの能力をより一層要求されるといえる。介護福祉士の活動場所としては、特別養護老人ホーム、デイケアセンターや障害福祉サービス事業所、その他の社会福祉施設があげられる。また、在宅で生活している要介護者の自宅に通って援助する訪問介護員(ホームヘルパー)にも介護福祉士資格は必要である。

　しかし、介護福祉士の資格を取得してもその社会的地位は看護師と同等とは言い難い。例えば、厚生労働省が定めたグループホームの人員配置には看護師はあるが介護福祉士の規定はない。また、その業務内容が苛酷であることから離職率も高い。2005 年までに47 万人が介護福祉士の資格を取得しているものの、実際に福祉・介護サービスに従事しているものは約 27 万人に留まっている状況であった。国は、介護福祉士の処遇を改善させるため、介護報酬引き上げの措置を行ったが顕著な改善効果に至っていないようである。

iv　社会福祉士

社会福祉士は上で述べた介護福祉士と同様に国家資格で、社会福祉士及び介護福祉士法によって規定されている。社会福祉士及び介護福祉士法の第2条第1項によると「社会福祉士は社会福祉士の名称を用いて、専門的知識及び技術をもって、身体上若しくは精神上の障害があること又は環境上の理由により日常生活を営むのに支障がある者の福祉に関する相談に応じ、助言、指導、福祉サービスを提供する者又は医師その他の保健医療サービスを提供する者その他の関係者との連絡及び調整その他の援助を行うことを業とする者をいう」とされている。一般的にソーシャルワーカーあるいはケースワーカーと呼ばれる[15]。

具体的な仕事の内容は、高齢者、障害者、児童などの援助を必要とする者やその家族に対し、さまざまな相談や助言、指導、援助を行うものである。主に、福祉の行政機関である市町村、社会福祉事業団、社会福祉協議会、福祉施設、一般病院、民間事業所などにおいて生活指導員、生活相談員、児童指導員、医療ソーシャルワーカー、福祉活動指導員、福祉活動専門員、社会福祉主事などとして活躍している。介護福祉士と違って、援助を必要とする人に対して直接な身体介護を行うのではなく、相談や指導などを行う。

つまり、社会福祉に関する制度や機関といった情報を分かりやすく伝え、関係機関との連絡・調整を図ることである。だから、社会福祉士は高齢者福祉、障害者福祉、児童福祉など社会福祉の全分野に関するさまざまな制度や関連機関をトータルに把握しなければな

らない。今まで、保健医療分野における必要な国家資格として認知
されてきたが、現在、保健医療、福祉の分野だけではなく、教育、
更生保護分野においてもその必要性が認識され、総合的かつ包括的
なソーシャルワーカーの国家資格として発展していくことが期待さ
れている。

　当資格は医師、弁護士のような業務独占ではなく、無資格者でも
医療ソーシャルワーカーを業とすることができ、また医療保険算定
上においても職員の人員規定がなかったので、資格取得者を雇用し
ても雇用者側が一方的に人件費を減少し、資格取得者の給料がなか
なか上がらない「非生産部門」と位置づけられて、地位も低かった
といった問題があった。しかし、2006年4月より介護保険法の改正
によって、市町村の中学校区単位での設置が義務付けられた「地域
包括支援センター」では、社会福祉士が総合相談業務、サービス事
業者および行政との連携業務担当者として位置づけられ、介護支援
専門員、保健師と並んで初めて人員配置義務が設けられた。また、
医療保険点数の改訂によって後期高齢者退院調整加算等が創設され、
保険加算のため社会福祉士の配置が必要基準となった。そのため、
資格者を求める傾向または無資格者には資格取得を求める傾向が出
てきたのである。

（2）介護保険制度の見直しによるNPOの変化

①　介護保険制度の見直し

介護サービスの内容の多様化と担い手の多元化、さらに、介護

サービスには色々な特徴と問題点が存在しているため、介護保険制度は5年に1回の見直しを行っている。そして、毎度の見直しによる高齢者福祉NPOの位置づけが明らかになりつつある。2005年に介護保険法の改正が行われた。介護保険法および関連する法律の改正の要点は、次の3点にまとめることができる。第1は、介護保険の支出額の増加による財政悪化の問題である。第2は、統合的な介護予防システムの確立と施設給付の見直しである。第3は、新たなサービスの創設である[16]。

　第1の財政悪化の問題について、その大きな要因は介護サービスの利用者、とくに、軽度の認定者の急増である。2008年の軽度の認定者数は2000年4月の1.78倍に増加したことが分かる。それによって、給付費が増えるのは間違いない。

　次に、第2の総合的な介護予防システムの確立と施設給付の見直しについてである。総合的な介護予防システムとは、要介護状態になる前の段階から、要支援・要介護1程度までの高齢者に対して、その人の状態に合った予防プランを策定し、介護予防サービスを提供することである。また、施設給付の見直しとは、在宅サービス利用者と施設サービス利用者間の不均衡の是正のために、介護保険施設における光熱水費等の居住費や食費分を保険給付から除外することにある。具体的な内容は以下のように整理することができる（表Ⅲ-5参照）。

表Ⅲ-5：総合的な介護予防システムと施設給付の見直し

総合的な介護予防システム	①軽度で予防効果を見込める人に「新介護予防給付」を設ける。（例：筋力トレーニング、口腔ケア、栄養改善、予防訪問介護など）②認知症や心身が安定していない人には従来の「介護給付」を行う。③要支援・要介護になる前の高齢者向けに市町村が予防サービス事業を展開する。（介護保険の給付費の3％程度を市町村の予算援助にあてる）
施設給付の見直し	施設入所者も居住費・食費を負担することになる（在宅サービスと施設サービスの利用者の個人負担額の差を縮小しつつある）

出典：野口定久『地域福祉論—政策・実践・技術の体系—』（ミネルヴァ書房、2008 年）230-233 頁に基づき筆者作成

　そして、これら2 点に加えて第 3 点である新たなサービスの創設が提唱されてきた。この新たなサービスは、高齢者一人世帯や認知症高齢者などの増加を背景に、高齢者を住み慣れた地域で支えるという観点に基づくべきものという考えのもとに制度設計が行われている。ひとつは地域密着型サービスである。具体的には、施設介護の創設と保険給付対象の拡大であり、それは表Ⅲ-6のとおりである。

表Ⅲ-6：施設介護の創設と保険給付対象の拡大

施設介護の創設	• 夜間対応型訪問介護（新たに介護保険サービスに加入した） • 小規模多機能型居宅介護（新たに介護保険サービスに加入した） • 認知症対応型通所介護 • 認知症対応型共同生活介護 • 地域密着型特定施設入居者生活介護（定員 29 名以下の有料老人ホーム） • 地域密着型介護老人福祉施設入所者生活介護（定員 29 名以下の特別養護老人ホーム）

続表

保険給付対象の拡大	シルバーハウジング（公営住宅、公団住宅）や高齢者向けの優良賃貸住宅などについても、一定の基準を満たすと特定施設入居者生活介護の対象となる

　出典：野口定久『地域福祉論—政策・実践・技術の体系—』（ミネルヴァ書房、2008 年）230-233 頁をもとに筆者作成

②　地域ケア政策

　高齢者人口の急増、介護保険の支出額の増加による財政悪化、人材不足など様々な問題を抱えている現代の福祉と介護の深刻化を食い止めるためには、弱体化している家族機能、希薄化している近隣や親族のつながり等を問題解決のための資源として再形成していく必要がある。従来の家族内の介護に戻るという意味ではなく、新たな基盤づくりが必要という意味である[17]。

　自治体や社会福祉協議会は、家族や地域社会といったインフォーマルなサポートネットワークの基盤強化策を積極的に推進する必要がある。さらに、介護保険サービスや地域保健医療福祉事業などを通して、フォーマルサービスとインフォーマルサポートを融合した地域ケアシステムづくりを具体的に地区ごとに確立していくことという地域ケア政策を求められているのではないだろうか。しかし、市区町村等が中心となる地域ケア政策を展開していくための人材や情報は、質量の両面にわたっていまだ限られているのが現状である。

　介護保険制度は現在の老人福祉制度と老人医療制度を再編成したものといえる。つまり、医療部分の100%が医療保険で給付されるという仕組みではなく、少なくとも利用者の方から見れば、一体的に

医療と介護サービスを受けられる制度設計になっている。これが、利用者として利用しやすい点である[18]。そして、被保険者の介護サービス受給権が法律で定められ、強化されたため、高齢者は制度を「待つ身」から「参入者」へと立場を変えた。それによって、自分に合った介護サービスを受ける権利が強調できるようになり、また、「自己決定権」も重視されている[19]。

　しかし、いくつかの問題も議論されている。まず、将来にわたって、安定した状態で持続させるために財源の確保が依然として最大の課題である。また、現行の介護保険法の与えるサービスについて、定額給付額の範囲内で、適切なサービスが確保できているかということも議論されている。

　次に、介護保険のサービスの場合、「在宅か施設か」という二者対立的な問題の設定で良いのだろうかという問題がある。認知症対応型グループホームや有料老人ホームなどは一般市民から見れば明らかな施設なのに、介護保険制度上は「在宅」（正確には在宅サービス利用者）として取り扱われている。当然保険給付は在宅サービスとして給付されるため、施設事業者は福祉機器などを自己負担で購入しなければならないし、経営上の費用も自己負担になる。「在宅サービスの利用者が増えている」というものの、事実上は、「施設」利用者がその中に相当な数含まれているという点に留意しなければならない。グループホームの利用者たちを自宅から特別な介護機能の付いている集合住宅へ引越ししたにすぎないという解釈で「在宅サービス利用者」として認識している一方で、厚生労働省の「在宅

推進路線」については、自宅での家族介護を当てにしているのではないかというイメージが付きまとう。現実と離れた硬直化した在宅推進路線と言わざるを得ない[20]。

　高齢者人口の急増、介護保険の支出額の増加による財政悪化、人材不足など様々な問題を抱えている現代の福祉と介護の深刻化を食い止めるためには、新たな基盤づくりが必要となる。そこで、地域包括ケアづくりと地域包括支援センターの創設が要求される。

　この動きの中で、高齢者福祉NPOとの関係において、注目したいことがいくつかある。一つ目は、総合的な介護予防システムづくりにおいて、介護サービス利用者の状況やニーズをよく知っている高齢者福祉NPOが重要な役割を果すことができるということである。例えば、予防プランの作成、予防訪問介護、予防サービス事業の展開等々である[21]。

　二つ目は、新たなサービスの創設についてであるが、地域において「草の根」の活動を行ってきた高齢者福祉NPOにとって、地域密着型介護サービスの創設は難しいことではないということである。例えば、デイサービス、夜間対応型サービス、認知症対応グループホーム、ケアハウスなどをそれぞれ別々に行っているところもあれば、あわせて総合的に提供しているところもある。

　そして、介護保険制度の枠内と枠外のサービスを融合した介護サービスを提供しているところがほとんどである。高齢者福祉NPOには、地域密着型介護、小規模多機能型居宅介護の役割が期待される。すでに、地域に密着した小規模多機能型居宅サービスを行っている

NPO法人も多数あり、高い評価を受けているところもある。介護保険法の改正についてまだまだ検討すべき点が多いが、高齢者福祉NPOの存在基盤は制度上、整備されつつであると考えられる。

3. 高齢者福祉 NPO と他の介護サービスの担い者

（1） 他の介護サービスの担い手

① 社会福祉法人

社会福祉の担い手として、社会福祉法人の存在感は大きい。社会福祉法人は、戦後のGHQ草案の「3原則」にある「公私分離の原則」によって、「私」に対して資金援助をするために作られた法人である。GHQは「政府の私設社会事業団体に対する補助に関する件」という「覚書」（1945年（昭和21年）10月30日）を発表し、「私設社会事業団体の創設又は再興に対して政府、都道府県又は市町村当局は補助金を交付してはならない」という考え方を示した[22]。

そして、日本国憲法89条では「公的財産の支出又は利用の制限」として、「公金その他の公の資産は、宗教上の組織若しくは団体の使用、便益若しくは維持のため、又は公の支配に属しない慈善、教育若しくは博愛の事業に対し、これを支出し、又はその利用に供してはならない」というように明文化されている[23]。

しかし、実際には、第二次世界大戦後、食べることさえできない人々を救ったのは慈善事業団体ではなく、むしろ自宅を開放し、あるいは施設をつくり援助したのは民間の善意ある人々であった。民

間の篤志家の努力が目立っていたのである。それらの活動は社会福祉法人に結実していくことになった。つまり、1951（昭和26）年に制定された「社会福祉事業法」によって、「社会福祉法人」が国や地方自治体と並んで社会福祉事業を推進する団体として位置づけられた。この結果、社会福祉法人に対して公金を使用することができるようになった。

　このような経緯で生まれた社会福祉法人にはいくつかの問題点がある。

　一つ目は、社会福祉法人は民間団体でありながら、「公の支配」に属する組織でもあるという点である。社会福祉法第22条によると、「社会福祉法人」は社会福祉事業を行うことを目的として、この法律の定めるところにより設立された法人とされている。

　二つ目は、社会福祉法第26条によると「社会福祉法人は、その経営する社会福祉事業に支障がない限り、公益を目的とする事業、又はその収益を社会福祉事業若しくは公益事業の経営に充てることを目的とする事業を行うことができる。」とされており、また、「公益事業又は収益事業に関する会計は、それぞれ当該社会福祉法人の行う社会福祉事業に関する会計から区分し、特別の会計として経理しなければならない」とされている。つまり、社会福祉法人は公益事業と収益事業両方を行うことができる。このように、介護保険法が制定される前は、社会福祉法人は社会福祉法に基づいて行政の実務機関として社会福祉活動を担ってきた。

　それでは、介護保険法が制定された後、社会福祉法人はどうなっ

てきたのだろうか。大まかに言えば、介護保険法は社会福祉法から分離された法律であるため、社会福祉法人が担っている福祉サービスは大きく変わってはいない。社会福祉法人が行う社会福祉事業とは社会福祉法第 2 条に定められたものであって、以下のように第 1 種社会福祉事業と第 2 種社会福祉事業に分類されている（表Ⅲ-7 参照）。

表Ⅲ-7：第 1 種社会福祉事業と第 2 種社会福祉事業の分類

第 1 種社会福祉事業で実施できる事業	特別養護老人ホーム、養護老人ホーム、経費老人ホーム、知的障害者授産施設、知的障害者更生援護施設、知的障害者福祉ホーム、知的障害者通勤寮、身体障害者更生援護施設、知的障害児施設、肢体不自由児施設、児童養護施設、母子生活支援施設　など
第 2 種社会福祉事業で実施できる事業	老人居宅介護事業、デイサービス、ショートステイ事業、介護支援センター、認知症対応共同生活支援、知的障害者の居宅介護、保育所、身体障害者　など

出典：介護保険法をもとに筆者作成

　下線部は介護保険法の範囲内のサービスである。以上の通り、ここには2つの特徴が見られる。一つ目は、特別養護老人ホーム、養護老人ホームなどの介護保険法による施設サービス事業を行う場合、社会福祉法人を設立する必要があるということである。二つ目は、社会福祉法人は収益事業（第 2 種社会福祉事業の一部分）を行うことができるため、デイサービス、ショートステイ事業、介護支援センター、認知症対応共同生活支援などの居宅サービスを併せて行っている法人が少なくないということである。また、介護事業と共に保育園や母子生活支援事業などを行っている法人も見られる。

　しかし、社会福祉法人を設立するには、複雑な手続きに加えて、大きな資産を備える必要がある。基本的には、土地、建物などの不動産、事業に必要な機器類などの動産を有する必要がある。特に、設立時においては、法人運営に必要な運営資金として1000万円以上、時には一億円以上を現預金で準備しておく必要がある。資金面だけをみても一般的な法人やNPO団体などの参入は難しい。公益性の高さのため、社会福祉法人は設立後も所轄庁等の厳しい監督下に置かれるが、補助金の交付や税制面での優遇措置（医療保険業の法人税非課税、固定資産税の非課税等）がなされている。

　以上の要素を踏まえて、社会福祉法人は誰でも作れるものではないが、社会福祉分野においても、介護保険事業分野においてもかなり重要な位置を占めていることが分かる。

　② 営利組織

　介護保険法の民間委託主義によって、居宅サービスを行う指定事業者については実際には、ほとんどが企業とNPOによって占められることになった。営利組織によるサービスの供給は、基本的には市場メカニズムにより、サービスの供給価格と需要価格が一致し、サービスと代金は等価になっている。介護保険に参入し福祉サービスを行っている営利団体、企業も例外ではない。

　ところで、介護老人福祉施設、介護老人保健施設、介護療養型医療施設といった施設サービス分野は、依然として地方公共団体や社会福祉法人等による設置・運営に限られている。他方、訪問介護、通所介護（デイサービス）、短期入所生活・療養介護（ショートステ

イ）といった居宅サービス分野や、痴呆対応型共同生活介護（痴呆性老人グループホーム）、有料老人ホーム等の分野では、民間事業者（営利団体）、特定非営利法人（NPO 等）などが積極的に参入できるようになっている。特に、2000 年介護保険制度が始まって以後の 3 年間に、営利団体は居宅サービス分野で占めるシェアが拡大しつつあった。特に、通所介護（デイサービス）、痴呆対応型共同生活介護（痴呆性老人グループホーム）での伸びが大きかった。

　しかし、いくら民間事業者、営利組織に福祉介護分野に参入することを推進しても、営利、利潤確保を最終的な目的としている企業には限界がある。実は多数の企業は本業を抜きに真剣勝負で介護事業を中心事業として行っているではなく、この不況を背景に事業の多角化や本業の補完などを目的として介護保険制度に参入してきている。こうなると、サービスの質と量を確保できるかどうかが疑問である。2003 年、厚生労働省の発表によると、居宅サービスの福祉用具貸与事業においては、営利団体の参入数が一番大きく、87％にも達していた。次に、訪問介護 44.8％、痴呆対応型共同生活介護 42.8％である。

　具体的な例としては、建設業が自社の遊休不動産を活用して介護施設を建設し、デイサービスや訪問介護サービスを行う例、ディベロッパーが介護サービス付きマンションを運営する例、タクシー会社が介護付きタクシー事業を開始した事例などが挙げられる。営利団体、企業は、事業の多角化や本業の補完を目的として、介護保険事業の参入に踏み切ったものと考えられる。

　また、市町村の特区による特例措置を活用し、指定管理者として特別養護老人ホームを運営している営利民間事業者はあるが、その数はそれほど多くない。しかし、公設民営型でコストの削減ができるというような視点で、施設サービス分野にも営利団体が参入する機会が増える可能性がある。

　さらに、2005 年の介護保険法の改正による施設給付の見直しは、民間事業者、営利団体の参入を後押しするものともなり得る。なぜかというと、これまで、介護保険施設入居者は食費と居住費が保険給付の対象とされており、利用者にとっては割安な負担で済んでいた。一方で、在宅サービス受給者の場合、自宅に住んでいるので居住費は保険給付の対象外とされ、自己負担であるため、施設入居者との不公平感を生んできた。そこで見直しが行われた。つまり、特別養護老人ホーム等、介護保険施設入居者は自己負担額が増加して、民間企業が経営する有料老人ホームとの価格差が縮まり、これまで割高であるとして敬遠されてきた民間の施設が選択肢の一つとなる可能性が出てきたと言える。これが、高齢者福祉 NPO が有料老人ホームを運営している場合が多い一つの理由と言えるかもしれない。

　改正された介護保険法の一つの柱である「新たなサービス体系の確立」の実現に向けても、民間企業の参入余地が拡大することが期待される。将来的に単身高齢者世帯や認知症高齢者の増加が予想されるため、身近な地域で多様なサービス提供が可能となる地域密着型サービスの実現が求められる。在宅生活の支援、夜間を含め24 時

間対応可能な仕組みなど、民間のノウハウを活用した居宅サービス分野の充実が重要となることで、民間事業者にとってビジネスチャンスが拡大すると考えられる。

（2）　高齢者介護の特徴とNPO

①　ケアの長期化

高齢者福祉サービスの特徴について、医療治療と高齢者介護を対比しながら考えていくことにしよう。医療とは、病気の患者に治療を行い、場合によって手術を行い、完治を目指して治療していくことである。医師にとって、患者の生活の一部分だけを見られるし、患者にとって、受けた治療のプロセスは人生のなかの小さな1コマである。病院内の看護も同じで、短時間のサービスである[24]。

しかし、高齢者になると、場合によって病気はすっきり完治しないし、いろいろな合併症も同時に持っている場合が多くなる。そうすると、やはり治療や看護や介護など、長期的に、継続したケアが必要となる。つまり、長期ケアというのは、いったん関わりを持つとしたら、基本的に亡くなるまでその患者を継続的にフォローしてケアをするという意味である。

長期ケアは毎日の基本的な生活そのものである。従って、生活のかなりの部分を福祉施設やホームヘルパーなり、家族なりに任せなければならない。医学的な治療より、むしろリハビリサービス、介護サービスが重要になってくる。医師、看護師、介護職員、家族、地域住民などを含めて、一つの連続的な介護チームとして、高齢者

の長期的なケアを支えていくことが求められている。そうなると、介護チームの各メンバーをどのように機能的に動かすか、その連携が問題になってくる。

　また、もうひとつ見落としやすい部分がある。それは介護サービス提供側と受ける側両方から生じるストレスの解消問題である。介護チームの各メンバーや家族などにかなりストレスがたまっているのが実情である。そのストレスを受け止めてもらい、それに対する心理的サポートをしていくことが大事である。高齢者の長期的なケアが続けられるために、そういう専門的な部門がこれからとても重要になってくると思う。

　②　サービス提供側の多元化

　介護保険法が出来てから、福祉に関する運営主導権が国から地方自治体に移りつつある。国が一方的に、均一的なサービスを行うのではなく、各自治体のニーズに合ったサービスを提供できるようになった。つまり、高齢者福祉のリスクを国から自治体、自治体から各地域（コミュニティ）に分散しているとも言えるだろう。そうなると、社会的な構造をより細分化していき、自治体、各地域、営利団体、非営利団体がサービスの担い手として活躍することが求められるようになる。いわゆる、サービスの担い手の多元化である。

　実際の現場を見てみるとまさにそのようになっている。「措置」時代では、介護サービスの担い手は、社会福祉法人、医療法人に限られており、高齢者がサービスを選択しようとしても選択の余地がなかった。しかし、現在、営利法人、非営利法人も参入するように

なってきている。老人施設、グループホーム、老人ホーム、デイ
サービスセンターなど、様々な形で、各地域で分散し活躍している。
そして、新規の参入事業者も急速に増えてきている。つまり、高齢
者のニーズの多様化とともに、担い手の多元化も進んでいる。これ
は、福祉分野においてとても望ましい動きではないかと考える。

③　コミュニティケアの重要性

しかし、介護保険参入者にとって、組織内部において様々な工夫
や努力が不可欠であるが、組織自身で解決できない問題も存在して
いる。サービスの利用者である高齢者にとっても、長期的な介護に
おいては、1つの組織ですべてのサービスが受けられるわけではな
い。例えば、最初に2、3か所のデイサービスセンターに通いながら、
具合が悪くなったら、医療機関や介護保険施設に行かなければなら
ない。そうなってくると、高齢者福祉サービスをトータルで総合的
に把握しなければならないし、様々なサービス機関、事業者の間に
有効かつ迅速な連携を実現して行かなければならない。いわゆる、
コミュニティケアがますます重要になってきている。

コミュニティケアとは、家庭、地域などの生活の場で専門機関、
施設、コミュニティセンター、地域住民などが様々な形で高齢者福
祉また障害者福祉の中に参加し、協働し、支援サービスを提供して
いく地域共同ケアの考え方であり、居住地域を同じくする共同体づ
くりである[25]。

コミュニティケアは地域福祉、地域ケアと同類の言葉であり、
1960 年代後半に日本の社会にイギリスの「コミュニティケア」が導

入されたのをきっかけにその理念が定着してきた。今まで、日本では、施設中心のケアではなく、家庭内の在宅福祉や在宅ケアが中心に据えられてきた例が多かった。

　しかし、いまや家庭内の在宅福祉や在宅ケアを超えた広い範囲での新たなコミュニティケアづくりが要求されている。高齢者福祉分野だけではなく、2011 年 3 月 11 日の東北大震災をきっかけに、緊急事態の情報伝達のためにも、地域コミュニティの役割の重要性が改めて感じられるようになってきた。

　高齢者や障害者がその住み慣れた地域で、地域の人々と共に、その人らしい生き生きとした生活を送ることができるように、家族、地域住民、医療・福祉機関、公的機関、福祉サービス事業者等の地域連携のもとで行われるサービスが求められている。また、在宅での自立生活やケアを困難にしている住まいの改修、道路や公共施設、病院、スーパーなど地域環境を改善・整備していくことも含めなければならない。2005 年に改正された介護保険制度の下で新たに作られた「地域包括支援センター」はそのサンプルとして挙げられるが、まだその有効な運営については議論する余地がある。

　高齢者福祉ニーズの多様化、担い手の多元化が実現しつつある。現在、直接であれ間接であれ、福祉サービス分野に関するあらゆる団体や法人や個人を含めて、広くしっかりしたネットワーク再構築が重要になってきている。そのカギとなるのは住民の参加であろう。住民から地域センターへ、地域から自治体へ、下から上へと提案できるような環境づくり、環境改善も必要であろう。弱体化していた

コミュニティを再構築するために、ネットワーク化のプロセスについて、地域住民の参加や理解を十分得なければならないし、関係機関、様々な団体の連携や調整力を高めていかなければならない。そうした場面で、周りの住民のことを良く知っていて、短時間で多く住民の力を集められることができ、長年にわたって住民との間に強い信頼関係を築いてきた地域密着型NPO団体に対して、多くの役割が期待されるのではないだろうか。

　地域に点在し、それぞれ単独の機関で役割を果たしている認知症グループホーム、ケアハウス、訪問看護ステーション、在宅介護支援センター、また、医療センター、リハビリステーション、地域福祉センターなどが連携を取り合って共通の課題に取り組み、目標の実現に向けて展開していくことがコミュニティケアの具体的なイメージと言える。実際にコミュニティケアを実践しているNPO法人が多く存在している。その具体的な例として、次の第Ⅳ章と第Ⅴ章で述べる熊本市の高齢者福祉NPO「通い処愛和」、「あやの里」と「おーさぁ」があげられる。

注

①渋川智明『福祉NPO』(岩波新書、2001年) 43頁。

②田中尚輝・浅川澄一・安立清史『介護系NPOの最前線─全国トップ
　16の実像─』(ミネルヴァ書房、2003年) 7頁。

③田中・浅川・安立注 (2)、前掲書、19頁。

④田中・浅川・安立注 (2)、前掲書、20頁。

⑤田中尚輝『ボランティアの時代』（岩波書店、1998 年）80~81 頁。

⑥橋本信也『2000 年からの医療と介護』（中央法規出版株式会社、1999 年）　2 頁。

⑦橋本注（6）、前掲書、29~31 頁。

⑧橋本注（6）、前掲書、29~31 頁。

⑨橋本注（6）、前掲書、82 頁。

⑩加藤佳子「高齢者福祉の担い手」（福田志津枝・古橋エツ子『これからの高齢者福祉』（ミネルヴァ書房、2002 年）141 頁。

⑪橋本注（6）、前掲書、42 頁。

⑫橋本注（6）、前掲書、42~43 頁。

⑬加藤注（10）、前掲書、146 頁。

⑭加藤注（10）、前掲書、142~143 頁

⑮加藤注（10）、前掲書、141 頁。

⑯野口定久『地域福祉論―政策・実践・技術の体系―』（ミネルヴァ書房、2008 年）222~233 頁。

⑰野口注（16）、前掲書、230 頁。

⑱岡本祐三『介護保険の歩み―自立をめざす介護への挑戦―』（ミネルヴァ書房、2009 年）　192 頁。

⑲石橋敏郎「社会保障と介護保障制度」（地方議会人 2009 年 11 月号）12 頁。

⑳岡本注（18）、前掲書、192 頁。

㉑野口注（16）、前掲書、230 頁。

㉒田中注（5）、前掲書、63 頁。

㉓田中注（5）、前掲書、63 頁。

㉔橋本注（6）、前掲書、26〜29 頁。

㉕橋口徹・福原康司・水谷正夫『福祉 NPO の挑戦―コミュニティケア
　の経営管理―』（国際医療福祉大学出版会、2003 年）83〜84 頁。

Ⅳ　高齢者福祉サービスを提供する 各施設の実態調査

本章は次の第Ⅴ章と並んで本書の中核を構成する部分である。質的研究法の一種であるエスノグラフィー（民族誌）手法を応用し、高齢者福祉NPOに出向いて実施した参与観察とインタビューの概要をエスノグラフィーとして書き出している。施設長や職員の「語り」などを多く取り入れて、現場実態がなるべく伝わるような「分厚い記述」とするように留意した。

1. 特定非営利活動法人「通い処愛和」の活動内容

（1）「通い処愛和」の活動と組織概要

「特定非営利活動法人ライフサポート龍田」は2008年の設立で、今年4年目になった。事業所の名称は「認知症対応型通所介護事業所/通い処愛和」という（以下、「通い処愛和」と表示する）。「通い処愛和」は普通の民間の一軒家を改装して介護サービスを行っている。

　「通い処愛和」は愛和で生き生きハッピーライフという趣旨で活動をしている。日中孤立しがちな高齢者の方へ家庭的な環境のもとで穏やかにのんびりと、安心して過していただけるよう、一人一人に合わせて「愛和の心」で支援をしているところである。代表者は組織を設立する理由として「今、熊本市では介護を必要としている高齢者がたくさんいらっしゃるため、社会貢献度が高いNPOという形で介護サービスを提供していく道を選んだ」、「友人がNPOをやっているから、友人からいろいろなノウハウを教えてもらい、助かった」と述べている。

　「通い処愛和」の主なサービスは認知症高齢者を対象にしたデイサービスである。自宅から施設までの送迎、入浴、体操、個別リハビリ、健康チェック、レクリエージョン等、日中の生活支援である。利用者の総人数は13名である。また、緊急時には宿泊にも対応できるようになっている。

　デイサービスでは、一日に9名の定員となっているが、常に満員状態で、一日9名が利用している。そして、職員は8名いる。職員は8名もいるからとても手厚く、細かく対応することができる。特に、印象に残ったのは、時に機嫌が悪くなった利用者の気分転換のために、そばに付き添って外出したり、じっくりお話を聞いてあげたりすることである。一人一人に合わせて支援をしている。利用者にとってとても居心地よい場所だと感じた。

　「通い処愛和」は、独自のサービスも行っている。手作りのパンの提供、アロマの芳香(無料)、学習、ゲーム、季節に合わせた外出

などのサービスである。さらに、たくさんのこだわりを持っている。例えば、利用者を時間差で再度のお迎え、多種類の全身・足裏マッサージ、農園直送の新鮮食材で作ったバランス良く、かつ利用者の負担に配慮した低価格の食事など様々な工夫を考えている。

「通い処愛和」の規模は大きくないが、そこまで柔軟で、細かいサービスを提供できることがひとつの特徴だと思う。綺麗な設備より心のケアはもっと大事なことではないだろうか。それは、恐らく社会貢献精神を強くもっている NPO にしかできないことだろうと思った。

しかし、施設を運営している中、資金不足、周りの関係者との連携、情報交換が少ないという問題がある。そして、NPO 組織を運営していくノウハウや助言指導をしてくれるところがなかなか見つからないのが問題であると「通い処愛和」の管理者市原氏は指摘していた。

次に「通い処愛和」の組織概要について、以下のとおりに示すことにする。

表Ⅳ-1：「通い所愛和」のプロフィール

組織名	特定非営利活動法人ライフサポート龍田「通い愛和」
活動地域	熊本市北部の龍田を中心に、その周辺地域
サービス内容	認知症対応型通所介護
介護保険制度枠外のボランティア活動	日本将棋連盟の支部となり、将棋ボランティア活動を提供していること
対象者	要介護者、認知症高齢者

続表

会員数	利用会員数：13 人 職員会員数：8 人		
事業内容	利用人数	スタッフ数	利用料金
認知症対応型通所介護	9 人	8 人	要支援：835 円から 要介護：967 円から 入浴加算：50 円 食事代：300 円 （おやつ込み、実費）
スタッフの内訳	人数		
生活相談員	1 人		
ヘルパー 2 級の介護職員	3 人		
社会福祉士	1 人		
介護福祉士	2 人		
介護支援専門員（ケアマネージャー）	1 人		
看護師	1 人		

出典：訪問調査の質問票をもとに筆者作成
＊複数の資格を所有しているスタッフがいるため、スタッフの累計数は職員数より多くなる。

（2）「通い所愛和」のデイサービス

「通い所愛和」は一軒の古民家を借りて認知症対応デイサービスを提供している。昭和 40 年に建てられた、外から見ればどこにでもあるような普通の日本家屋であるが、この古民家は、実は、高齢者生活の楽しさ、生きがいを感じることができる新しい家である。

「通い所愛和」での過ごし方や朝の迎えから家への送りまで、何日間かの観察を通して、印象に残ったキーワードは、会話と運動である。一日に、毎秒毎分、どこかで会話をしている声が聞こえた。

職員と利用者の間の会話がとても多かったし、利用者同士の間の会話も多かった。特に、利用者の間では認知症がある人がほとんどであるが、それが障害にならずにスムーズに会話が進んでいた。また、体操運動や個人対応のリハビリ機能訓練などが毎日こまめに行われていた。

　したがって、「愛和に来て、いっぱい話しましょう、身体を動かしましょう、それで、元気になって、高齢者生活を楽しもう」という雰囲気と高齢者がそれに生きがいを覚えているのを感じた。愛和のパンフレットに書かれている言葉「愛和で生き生きハッピーライフ」そのものである。

図Ⅳ-1　「通い処愛和」の外観

　「通い処愛和」の提供している一日のサービスは、時間ごとに以下の図Ⅳ-1て表Ⅳ-2のようになっている。その次に、施設における一日の生活について、二日間の期間を取りだして、その具体的な内容と会話を紹介したいと思う。一日目はサービス内容や活動内容を主に紹介し、二日目は主に会話を多く取り込んで紹介することにし

たい。

表Ⅳ-2：「通い処愛和」日課

8：30　　送迎車出発 9：30　　通い処　愛和　到着 　　　　　健康チェック・体操・休憩・入浴 　　　　　製作・個別活動など思い思いにお過ごしいただけます 12：00　　昼食（時間を遅らせることも出来ます） 13：00　　個別活動・フットマッサージ 　　　　　天気がいい日はお出かけ 　　　　　アロマの香りの中で、お昼寝することも出来ます。 15：00　　お茶・おやつ 16：00　　送迎車出発（帰宅） ＊ご自宅の場所等にもよりますが、17時頃には帰宅できる予定となります。 ＊水分補給・排泄誘導は随時行います。

出典：「通い処愛和」の資料に基づき筆者作成

①　一日目のデイサービス

表Ⅳ-3：一日目のデイサービス

一日目（5月29日）：利用者9名、職員6名	
午前中の活動	
時間	サービス内容と会話
8：30	朝の申し送り。 職員6人全員で顔を合わせて、今日の注意事項などを交換する。そして、4人の職員が送迎を行って、2人が留守番でお風呂の準備をしていた。

続表

8：40	利用者の方々が続々と愛和に到着した。 利用者Aさん（87歳）とBさん（76歳）の二人が一人の職員と一緒に愛和に到着。到着してからリビングのソファに座って休憩。同時に、一人の職員が連絡帳、荷物をチェックし、もう一人の職員がお茶を出す。その後、交代で2人の体温と血圧を測り、通所介護記録シートに記録する。その後、Bさんは「トイレに行ってから昨夜よく眠れなかった」と言ってリビングの隣の部屋に置いてあるベッドで寝込んだ。Aさんはソファで休憩、時々テレビをみて、お茶を飲みながら、職員と「今日、天気が良か、暑くなりそう」という会話をしていた。
9：05	（片道で30分のところから通ってきた）1人の利用者Cさん（87歳）が管理者と一緒に愛和に到着して、リビングのソファに座って休憩する。同じく、二人の職員が交代でお茶を出し、体温と血圧を測り、記録する。ソファで休憩している二人は「元気が良い、いっちょ変わらんなぁ」と世間話をし始めた。

　その後、Dさんは筆者の設置したビデオカメラを発見し緊張した顔となった。しかし、なぜビデオカメラがあるのかを職員に聞かなかった。管理者からの説明を聞いてとりあえず一安心した。性格が明るいDさんは、筆者の出身地や住まい、学校名などいろいろなことを聞いて、管理者との説明が一致したため、納得してさらに安心をしたようだ。

9：15	1人の利用者Eさん（78歳）（管理者のおばさん）が所長と一緒に愛和に到着した。リビングでお茶を飲みながら2人の利用者とお話をしていた。途中でDさんが二人の会話に加わることが出来ない様子であったので、職員がDさんの興味を示すような話題を見つけ話かけていた。
9：20	2人の利用者Fさん（75歳）とGさん（85歳）が一人の職員と一緒に愛和に到着した。Fさんはリビングに入ってすぐ三人の利用者と談笑を始めた。一人の職員が2人の利用者の持ってきた連絡帳や着替えを整理しお茶を出し利用者とおしゃべりをしている時に、1人の職員がソファで休憩している2人の体温と血圧を測り、記録していた。Gさんは耳が遠いため、職員がしゃがんで耳に近付いて「体温を測りましょうか」と話をした。

続表

9：35	Hさん（95歳）とIさん（91歳）の二人が一人の職員と一緒に愛和に到着した。職員が「おはよう」、「今日朝から暑いね」と話しかけながら、お茶を出していた。Hさんは一番の高齢者だが、一番元気で、大きな声で隣の利用者達とおしゃべりをしていた。Jさん（86歳）は体力が弱くなったが、話が好きで、職員がDさんとBさんの隣に座っているFさんに「先週ね、鹿児島に行ってきました。娘がね、鹿児島の方に。」と話をして、にこっと笑った。
	1人の職員は利用者がほぼ揃っているとみて、昼ごはんの準備をし始めた。
10：10	朝のレクレーションをやり始めた。 職員は利用者Hさんの「（子供が）公園でね、食べた後、ちっとも片付けてなかった」という話を受けて、利用者全員に向けてしゃべりを始めた。そして、「だんだんね、外に出られる時期になってね。そんなあったかい時期になりましたけど、さぁ、皆様、今日は平成何年の何月何日になりますでしょうか」とホワイトボードを持ち出し、朝のレクレーションへの導入をし始めた。
	Bさんがずっとベッドに寝ていて、ほかの利用者8名が1人の職員と一緒に、音楽と合わせて、朝の体操をした。
10：17	1人の利用者Kさん（83歳）が所長と一緒に愛和に到着した。椅子に座って、お茶を飲んで、隣のBさんと挨拶をして、朝のレクレーションに参加し始める。両手を合わせて摩擦運動をしたり、手を握って、離して、グ、パ運動をしたり、首を回したり、足を踏んだり、肩を叩いたりしていた。
	その時、職員が利用者の手、首、足の動きや浮腫みなどの異常があるかないかをチェックする。また、その途中で、お風呂担当の職員がLさんのそばに行ってお風呂に誘った。

続表

10：30	筆者の国、出身地、名前をホワイトボードに書いて自己紹介をした後、利用者皆様の自己紹介をした。同時に、職員がホワイトボードに名前（苗字だけではなく、後ろの名前も入れた）と年を書いて皆に見せる。例えば、1番目のDさんの時に、職員池増が名前を書いて、Dさんに見せて、以下の会話となる。 　　D：　井上、はい、一番最初となった。 （名前を書いてあるホワイトボードを見て、笑っていた、利用者皆も笑った） 　　職員：　はい、一番最初。じゃ、お名前は？　もう、教えていただいていいですか。 　　D：　私？忘れた。 　　職員：　ほら、ここ、ここ（笑顔）。 （職員が名前を書いてあるホワイトボードをDさんに見せる） 　　D：　お、井上とし子です。よろしく。 （大きく元気な声で言って、皆が拍手をして、笑った） 　　職員：　ご出身はどちらでしたか。 　　D：　なんごうちょ、宮崎。 （再び大きく元気な声で言った） 　　職員：　そうそう、宮崎県。 　　D：　なんごうちょ。 　　職員：　そう、なんごうちょです。お年は、女性ばかりですから、お年を聞いていいですか。 　　D：　お年、忘れたなぁ（はははと笑っていた）。私、井上とし子って言います。 （隣の利用者に向かって、笑って言った） 　　職員：　ええ、お年は、大正13年？ 　　他の職員：とし子さんは14年1月14日。 　　管理者（市原氏）：　大正14年。 　　D：　うん。 　　他の利用者：　大正14年って、7歳。 （実は87歳という意味だが、8を省略した） （職員が名前の隣に87と書いて、皆が手を叩いた） 　　D：　とし子でございます。 （皆と一緒に拍手をして、笑って言った） 　　他の利用者：　元気、元気。 　　D：　お陰で、皆、上達が上手だし。 （皆が笑っていた）

続表

10：43	今日の話題。 5月29日はこんにゃくの日、という話題について、いろいろおしゃべりをしていた。例えば、こんにゃくの食材や形やこんにゃくで作られたデザートなどの話である。また、知り合っている外国の友達の話をした。
10：48	リハビリ運動。 新聞紙で手作りの棒を使って、リハビリ運動をした。例えば、振り下ろして10回叩くような動作。皆が気合いを入れて、一、二、三、四と数えながらやっていた。その後、1から10までの数字を中国語で言いながら、もう一回やっていた。（意外と最後まで言える利用者が何人かいらっしゃって、一気に進行したため、皆がうれしい顔をして、拍手をした）　また、棒を使って、肩、背中、足を10回叩き、棒を持って船を動かす動作を真似て運動した。
	その途中、最初のお風呂に行った方が戻り、お風呂担当の職員がまた、Dさんのそばに小さな声で言って、お風呂に誘った。
11：05	お茶の時間。 利用者と職員皆がお茶を飲んで休憩した。その時、利用者の隣同士で世間話をしたり、2人の職員といろいろな会話をしていた。
	その時、日本と中国のこと、万里の長城、瀋陽、中国から引き上げたことなどの話があった。2人の利用者が小さい頃中国にいらっしゃったことと2人の利用者がよく旅行に行ったことが分かった。大正生まれの利用者が多かったため、中国のことについて、当時の記憶が蘇ったのか、時々、ああ、そうそうと利用者の間で声が上がっていた。
11：17	言葉練習の時間。 職員が熊本弁勉強カードを取り出して、カードに書いている熊本弁を読んで、その意味を利用者と一緒に解釈する。
11：35	昼ごはんの準備。 職員が利用者一人ずつトイレへの誘導をしたり、ご飯を運んだりしていた。リビングのテーブルの近くに居た利用者に拭いてもらった。

続表

12：00	昼ごはんの時間。 二つのテーブルに分けて、職員がそれぞれ各テーブルに配置し利用者と一緒に昼ごはんを食べる。利用者の様子を見ながら、誤嚥にならないように、時々、「ゆっくり食べてね」、「ちょっと、お茶を飲んだら」と言う。

　利用者が集中的に食べられるように、職員が大きな声を出さずに、ほぼ利用者と同じ時間に食べ終えるようにゆっくり食べていた。
　昼ごはんはメインのおかずと二つの小皿のおかずがあった。
　職員が、食後に薬を飲む利用者にお水を渡し、間違いないように飲み終わるまでそばに居た。

12：35	昼ごはんの片づけを職員と一緒にしたり、歯磨きをする方が職員と一緒に洗面所に行ったりする。年齢的にはまた若いFさんが職員、管理者と一緒に片付け、茶碗洗いの手伝いをしていた。

午後の活動

（午後は午前中と比べて、個人的な時間があり、自由でゆったとする時間となる）

時間	サービス内容と会話
13：00	昼寝時間。 昼寝の習慣がある3人の利用者がふとんを敷いてあった隣の畳の部屋で昼寝をした。昼寝をしないほかの利用者達がソファで休憩したり、隣同士でおしゃべりしたり、職員とおしゃべりしたりした。
13：30	管理者が地域の民生委員として、4軒の住民の家に行って、パンフレットを渡し、高齢者である地域住民の安否を確認しに出かけた。
13：45	製作の時間。 五月の季節にあった紫陽花を描いてあった大きな紙（A3の三つ分の大きさ）に、紫とピンクの紙で巻いた小さな丸に糊をつけて、花の線に沿って貼るという製作である。工程は簡単ではないが、紙を切る役、小さな丸を作る役、貼る役、皆が、役割分担して、時々、交替で楽しそうにやっていた。

　リビングの壁に飾っている絵や製作などがすべて利用者の手作りのものである。
　筆者も製作に参加した。利用者と一緒にものづくりをすることは、互いの距離をなくすために最短かつ有効な手段だと感じた。

13：55	食後にテレビのそばにあるソファに寝ていたBさんの血圧を測り、記録した。リビングにいる職員が時々、「大丈夫ですか」と声をかけた。

14：08	Bさんの希望で、気持ちの良い足湯をした。
14：14	3人が昼寝から起きた。職員が「おはよう、」と言った。そして、その場に居た皆が笑っていた。
14：18	昼寝から起きた3人の利用者が一人ずつ職員と一緒にトイレに行ってきた後、ほかの職員から利用者全員に麦茶を出し、皆が一息休憩をした。そして、昼寝から起きた3人の利用者が製作に参加し、皆が一人のテーブルを囲んで再び製作が始まった。時々、ソファで寝ていたBさんの様子を見たり、外を見たり、おしゃべりしたり、していた。
14：25	ソファで寝ていたBさんの腰に塗り薬を塗ったり、貼る薬を貼り替えしをしたりして、「痛っか?」、「こっちとそっちどっちが痛い?」と聞きながらやっていた。
14：40	ソファで寝ていたBさんが胸と背中の汗を拭いてもらった。

腰が痛いため、お風呂、着替えができないので、拭くようにしていた。同時に、皮膚に異常があるかどうかをチェックできる。

14：47	Cさんが製作に疲れて、隣の部屋で職員と一緒にリハビリ体操を10分間した。
15：00	午後のおやつの時間。 皆さんが冷たくておいしい、おいしいと言いながら食べていた。
15：20	皆さんがソファで休憩したり、製作をしたり、リハビリ体操をしたり、それぞれ、好きなようにしていた。
15：30	職員が帰りの準備をし始めた。 具体的には、利用者一人ずつトイレへ誘導し、かばんと荷物のチェックし、明日また来るか来ないかを伝えて確認することなどである。
15：40	片道で30分ぐらいかかる一番遠い処から来られたCさんが先に管理者と一緒に帰宅。
16：00	1人の職員と2人か3人の利用者を連れて帰宅する。

　1人の職員が3人か2人の利用者を連れて自宅に送った。職員が家族と会って、今日愛和での様子と変化や、家での様子を互いにこまめに交流し合っていることが印象的であった。
　帰った時に家に人がいないとき、鍵を職員に預けていることが印象的で、それで、互いに強い信頼関係が構築されていることが分かった。

②二日目のデイサービス

表Ⅳ-4：二日目のデイサービス

二日目（5月30日）：利用者6名、職員6名	
午前中の活動	
時間	サービス内容と会話
8：40	2人の利用者DさんとMさんが1人の職員と一緒に愛和に到着した。ソファに座って、職員が出したお茶を飲みながら休憩していた。それから、職員が「今日、涼しくなったねぇ」という話をして、体温と血圧を測り、連絡帳に書いた。
9：15	利用者CさんとBさんが所長と一緒に愛和に到着した。お茶を飲みながらソファで休憩し、3人の利用者同士でおしゃべりしたり、職員とおしゃべりをしたりしていた。1人の職員がCさんの体温と血圧を測ってから、Cさんが見ているテレビの料理番組について、以下のような会話があった（以下、一部分を取りだしたもの）。 C：　作ったのを買うてきた方が良いもん。 職員：　そうですようねぇ、見るのが良かげとですね。
9：15	C：　我が家でも作くとかんと。 職員：　我が家でちょっと作れない。結構、あれだもんなぁ。 C：　簡単なお野菜とかなぁ。 職員：　うん、それだったら作れますけどね。 C：　毎日食べてたお野菜でね、あれか、ね。 職員：　そうねぇ。 職員：　グリンサラダ。 C：　グリンサラダ、なにか入って。 職員：　何が入ってるんですかねぇ? C：　サラダ、レタスとなんかちょこっと。 職員：　きゅうりと、あとひとつ何か入っているんだなぁ。 C：　うん、何か入っているんでしょうかなぁ? 職員：Cさんが大好きなアイスクリームだよ。 C：　うん、アイスクリーム、うん、大好きだ。 職員：　アイスクリームときゅうりだって。 C：　うん、あ、きゅうり。 職員：　きゅうり好きですか。 C：　きゅうりが大好きだ。

続表

9：45	2人の利用者NさんとPさんが1人の職員と一緒に到着した。皆「おはよう」と挨拶をした。Pさんがソファに座って、以下のように隣のDさんとおしゃべりをした。 　　　D：　おはようございます。 　　　P：　おはようございます。よろしくお願いします。 　　　D：　こちらこそ。 　　　P：　この間も、お世話になりました。 　　　D：　よっかですなぁ、お世話になってなぁ。 　　　　　　　若い青年がおるとなぁ（笑い）。 　（皆が笑っていた）
9：50	職員がソファで休憩しているPさんにお茶を出した。以下のような会話だった。 　職員：　Bさん、お茶をどうぞ。 　P：　すいません。 　C：　熱いけん、飲まれんのじゃないと。 　（出したお茶が確かに熱かったようで） 　P：　いえ、いえ、飲まずに置きましょうか。 　職員：　じゃ、ここに置いときますね。 　P：　すいません。 　職員：熱いので、ゆっくり飲まれてください。 　職員がお茶を置きテーブルをPさんに前に移動してお茶を置いた。 　P：　すいません。 　（4分後、Pさんがお茶を飲み終わった） 　P：　すいません、ごちそうさまでした。 　（リビングにいた職員に呼びかけた） 　職員：　はい。もう、お茶よかったですかねぇ。 　P：　いただきました。この台も、 　職員：　台もちょっと、下げていきますねぇ。 　P：　とりあえずね、すいません。ありがとうございました。 　職員：　いいえ。 　そして、職員がPさんの前のテーブルをNさんの隣に移動して、Nさんのお茶をテーブルの上に置いた。

続表

9：55	職員がNさんに話しかけてからNさんの血圧を測った。以下のような会話であった。 　職員：　Nさん、ちょっと、血圧ば測って良かですか （血圧計を腕にはめる前に話かけた）。 　N：　はい。 　職員：　はい、良かですか。 （血圧計を腕にはめてから、測り始める前にもう一度話しかけた） 　職員：　あれ？ Nさん、もう一回測って良かですか。 　N：　はい。良いです。 　職員：　ちょっと待ってよ。はい、もう一回はめてもらおう。はい、良かですか。どうなんかなぁ。気分不良なかですか。頭がふらふらしてるとか。なか？ 　N：　いや、なかごったですね。 　職員：きょうはなかごったですか。はい、良かった。じゃあ、測りますね。 　職員：はい、良かです。ありがとうございます。 　職員はNさんの血圧が普段より高かったことに気付き、元看護士であるもう1人の職員（田中、仮名）に伝えた。それで、職員田中が水銀血圧計と聴診器を取り出し、もう一回血圧を測ることにした。以下のように言い、顔の様子を確認して、右の手で血圧を測った。その時、Nさんの隣に座っていたCさんが自ら隣の椅子に移った。 　職員：Nさん、もう一回血圧を測らせてください。どうもなかですか。 　職員：どうもない？ きつい？ どうもない？ 　（測り終わってから、また、Nさんの耳のそばで小さい声で話かけていた、Nさんは言葉を言わずに、ただ頭をさげてうなずいた） 　職員がNさんの右手を測った後、「こっちで傾けてもう一回」と言ってから、Nさんの左手を測った。そして、測ってから耳に近付いて以下のように話した。

9：55	職員：　どうもない? N：　どうもないな、どうもない。 （小さい声で言った）。 職員：　眠いだけ? N：　うん。 （声がさらに小さくなった） 職員：　ありがとうございました。 　職員（田中）がNさんの血圧がやはり高かったことを確認した後、本日のレクレーション担当の職員（岩松）と意見交換した。それで、朝の体操をする前に担当の岩松がNさんと以下にように言った。 職員：　Nさん、きつくないですか。わからん、わからんですか。 （隣の2人の利用者が心配そうにNさんを見ていた） N：　ないんですね。 （たぶん、皆が心配してくれて、恥ずかしいという気持ちが出てきたようである。そして、先よりもっと大きな声で言うようになった） 職員：　きつくないでしょうかね。体操、今からしますけど、ぼちぼちでいいんで、参加してくださいね。できるところまででいいんで、ぼちぼちでいいんです。
10：08	朝のレクレーションをやり始めた。 　朝の体操をする前に、以下のように今日の日付を聞いた。 職員：　皆さん、お久しぶりなんで、まず、おはようございます。じゃあ、Aさん、今日は平成の何年か。 M：　何年かなぁ。 職員：　じゃあ、ちらっと見て良かですよ。 M：　平成の24年ですね。 職員：　はい。 M：　5月31日です。 職員：　はい。今日、何曜日ですか。 M：　今日、木曜日です。 職員：　はい。今日木曜日ですもんねぇ。もう5月の終わりになりますねぇ。

続表

10：08	その後、音楽が流れて、朝の体操が始まった。その時、Cさんが自発的にNさんの隣に座って、一緒にしましょうという感じでNさんに運動を勧めた。
	途中で、今日のお風呂担当職員がBさんを誘って、お風呂に行った。
10：13	1人の利用者Kさんが朝の体操の途中で愛和に到着した。荷物を置いてから朝の体操に参加した。
10：16	職員岩松が中ボールを取り出して、ボールを使う体操をした。例えば、ボールを足で挟んで、前に出して上にあげたり、下したり10回した。「皆さん、ボールが逃げなかったようですねぇ」と言って褒めた。 　そして、皆が昔の熊本地元の遊び方を思い出してボールを使って自発的に行い、とても、盛り上がった。
	皆が朝の体操よりボールの体操を楽しそうでやっていた。
10：35	お茶の時間。 皆が演歌を聞きながら、途中休憩をした。
	ちょうどその時、氷川きよしの「ずんどこ節」という歌を流していて、Dさんがリズムに乗って、手を叩き始めた。その影響で、1人の利用者が頭をリズムに乗ってうなずいたり、もう1人の利用者が足で床を軽く叩いてリズムに乗ったりしていた。また、Dさんが流れてきた民謡を聞いて、「よいよいよ、」「ちゃかちゃか、」と時々声を出して、楽しそうに歌って、皆と一緒に笑った。
10：40	お茶の休憩時間に、職員が途中で来られたQさんの体温と血圧を測って記録した。
10：50	漢字の読み方で遊ぶ時間。 　職員岩松が「ちょっと、頭を使いましょう」と言って、普段使っていると使っていない色々な漢字をいっぱい書いているファイルを取り出した。例えば、紫陽花という漢字を書いている紙を皆に見せて、読み方を言わせる。花から果物まで、野菜から動物まで、幅広い漢字であった。

	利用者皆が分からない漢字が出たときに、Nさんがほぼ分かるというぐらい、Nさんの得意分野を見つけたようだ。例えば、紅葉（もみじ）、杏子（あんず）、無花果（いちじく）、榎（えのき）、蕗（ふき）、葛（くず）、筑紫（つくし）、茗荷（みょうが）、胡桃（くるみ）、など。 　Nさん本人が時々笑いだして、楽しそうに遊んでいた。 　途中で、Mさんがお風呂から上がってから、次にDさんがお風呂に行った。
11：35	職員岩松と池増が中国の民族衣装を着て披露した。 利用者皆が「お嫁さんみたい」と言い、拍手をして盛り上がった。そして、CさんとMさんが民族衣装を試着して写真撮影をした。皆が「あ、18になった」とか、「嫁入りに来ました」とか言って、拍手し笑っていた。その後、Dさんがお風呂から戻って、民族衣装を着て、民謡を歌いながら踊りだした。皆が大笑い、さらに盛り上がった。
11：45	昼ごはん前の準備、トイレに行ったり、皿を並べたり、テーブルを拭いたりした。
12：00	昼ごはんの時間。
	たぶん、午前中の活動でよく動いたため、普通より早く食べ終わったのが感じられた。
12：30	干したタオルを4人の利用者がテーブルの上で畳んでいた。
	家庭的なことを利用者の負担がかからない限り、できるだけ皆でやるようになっている。認知症対策やリハビリは普段の生活の中に入れ込んで、こまめにやっていると感じた。
12：32	MさんがPさんの隣に座ってから、Mさん、PさんとDさん3人で楽しそうに10分以上もおしゃべりをしていた。特に、Pさんが一番楽しそうな顔をして、時には大笑いをして、隣のMさんの手を握っておしゃべりをした。
	実は、Pさんは今日の朝の体操やボールの運動や漢字の遊びに一切参加していなかった。「いつもそういう様子である」、「Pさんは歌を歌う活動以外、ほかの活動や体操に参加していない」と職員から聞いた。
12：42	Nさんが隣の部屋に行って、ベッドの上で昼寝をし始めた。

続表

12：43	Mさん、Pさん、DさんとKさんが4人で洗濯したタオルを干すために、おしゃべりしながら、器具の上にかけていた。
12：49	皆さんがまた干しものを畳んでいた。
12：50	MさんがPさんのそばに戻ってから、2人再び10分以上おしゃべりをし始めた。

Pさんは歌以外にもう一つの興味はおしゃべりじゃないだろうかと思った。

午後の活動

時間	サービス内容と会話
13：00	皆が前日未完成の製作品紫陽花というのを引き続き、テーブルを囲んで、製作をし始めた。その時、MさんがPさんとの会話を中断して製作に参加した。

Pさんが製作に興味がないため、一人ぼっちになった。時々、外に出ようとして、何回も立ち上がった。

| 13：14 | 職員岩松がPさんの行動に気付いていて、Pさんの隣に来て5分ほどいろいろな話をしていた。 |

Pさんの気持ちが少し落ち着いてきたようで、20分ぐらいソファで休憩をしていた。そして、Pさんが寂しくならないように、製作担当の職員岩松が製作をしながら、Pさんに時々話かけた。

13：25	昼ごはんの後ずっとソファで寝ていたBさんを起して、腰のリハビリをした。看護師である職員が塗る薬を塗った。
14：00	Pさんが再び立ち上がって玄関とトイレの間をうろうろし始めた（退屈なのか、Pさんが家に帰ろうと思っているらしい）。職員池増がPさんの動きに気づき、リビングへ案内してから、Pさんの隣に座って一緒に5分ほどおしゃべりをした。
14：05	職員池増が製作しているDさんをPさんの隣に移して、膝のマッサージをした。その後、製作の途中休憩の時間に、Pさんの隣に座って休憩をしていた。Pさんが2人の利用者と5分ぐらいおしゃべりをしていた。
14：10	Nさんが隣の部屋から戻って、トイレに行ってから、職員の指導のもとでリハビリ運動器を使って足運動をした。

14：18	4人の利用者が再び製作に戻った。特に、Cさんが製作に気が合って、途中休憩をしながらずっと製作のほうに向っている。

Pさんがまた一人ぼっちになってしまった。4分後、Pさんがまた、リビングから玄関への廊下までに行ったり来たりしていた。何回かした後、あきらめたのか、ソファで休憩をした。

14：40	Nさんがリビングに戻ってソファで休憩していた。
14：45	製作が完成した。職員が出来上がった製作品（紫陽花）を皆に見せた時に皆が拍手をして盛り上がった。 　職員：皆さん、頑張ってくれたので、うれしいです。 　D：　お世話でございました。ターチラータ、ありがとう。 　（大声で歌いながら言った） 　職員：　いいえ、ありがとうございました。もうねぇ、皆さん、頑張ってくれたんで、早く終わりました。ありがとう。
14：50	Mさん、DさんとKさんが製作に疲れて、職員と一緒に3分間足の運動をし始めた。 次に、皆が干したタオルを畳んでいた。 　職員池増：　すいません、これをお願いします。 　D：　はい、いらっしゃい、いらっしゃい、出来上がった。 （製作の片づけの時に、ダジャレが以下のようになった） 　D：　散り入れ? （ちり紙を入れるゴミ箱をほしいという意味） 　職員岩松：　あ、散り入れね。ここ。 職員池増が散り入れ小箱を取りに行った。その時、職員岩松が通り抜けた時、後ろに散りが落ちていた。Kさんがそれを見て、以下のように言った。 　K：　あ、散りが落ちた。 　職員岩松：　え? お尻? お尻から落ちた? お尻? （皆が大笑いした） 　D：　いや、取っとった散り。 　職員岩松：　もう、お尻から紙が出てきたと思った。 （皆大笑い） 　職員池増：　いや、お金がねぇ、出てきたばってん、慌てでこうやって探すよねぇ。 （皆が大笑い）

続表

14：50	職員岩松：　　お金だったら良かだのに。 （また、皆が大笑い）
14：55	午後のおやつの前に、先のダジャレで、Ｄさんの気分が上がって、熊本の民謡（おてもやん）を歌い出して、皆もそれに乗って一緒に歌ったり、踊ったりして、盛り上がった。
	Ｐさんも一緒に歌って、大笑いをした。そして、「やっぱ、こんなこともないとね、気分がしゃんとならんよね」と言った。
15：00	午後のおやつの時間。
	Ｂさんが先皆と一緒に民謡を歌って、気分が良くなったかもしれないため、おやつの時に「甘くで、おいしい。おいしいねぇ」と何回も言った。
15：20	お別れで、筆者が民族衣装を着て、利用者一人一人ずつ一緒に写真を取った。それで、盛り上がった。
15：45	トイレに行ったり、荷物を整理したりして、帰る前の準備をした。
16：00	1人の職員が2人の利用者を連れて車に乗せて、家に送った。

（3）「通い処愛和」のデイサービスの特徴

①　時間の使い方

　以上のように、「通い処愛和」のサービス内容について、午前中には大体、皆で一緒にやって集団的な活動内容が中心となっていて、利用者全体の動きが活発である。一方、午後の時間は個人的な活動やことを取り入れて、全体の動きは緩やかである

　そして、体操や製作など皆一緒にやる時間があれば、個別対応できるリハビリ運動や外出などそれぞれ個人で自由にすることもある。決まっている時間にすることもあれば、利用者の状況や気分によって決まった時間通りにしないこともある。例えば、昼ごはん、午後のおやつと送り迎えはほぼ時間通りにしている。一方、入浴の

時間は午前でもよい、午後でもよい、また、昼寝の時間以外に朝から寝てもよい、また、12 時には昼ごはんを食べられないけど、午後にしてみたり、家族の都合や状況によって早めに送ったり、遅めに送ったりして、利用者のニーズによって柔軟に対応している。

　したがって、朝 10 時の体操、12 時の昼ごはん、15 時のおやつ、この三つの時間帯だけしっかり決めれば、臨機応変で個人対応のサービスに変更しても、最後までぶれなく、まとまった一日のデイサービスとなることが分かった。

　②　身体を動かす

　「通い処愛和」では、ただ時間を潰すのではなく、体操や運動や機能訓練などを通して、身体を一杯動かしていることが特徴である。まず、毎朝、欠かせないラジオ―体操とその後の機能訓練運動は高齢化防止や認知症進行防止などにとても有効である。皆がソファに座って、今日の主な担当職員を囲んで、ラジオ体操を毎朝 10 時からしている。リズムにのって指先から足まで身体を軽く動かすことによって、さぁ、一日の始まりを迎えたぞという気持ちになれる。また、その後、中ボールを使ったり、手造りの棒を使ったりして、筋肉向上とバランス感覚向上などが目的の機能訓練運動をやっている。それは、今回調査の日にも、毎日やっていることである。また、テーブル拭き、洗濯物の叩き、干し物の畳み、利用者の方々がわが家にいるような感じで、無理なく、楽しんでやっている。

　午後の運動は午前中と違って、決まっていた時間に集団で体操や運動をするのではなく、その時の状況や利用者の状態によって、個

別対応でリハビリ訓練やマッサージや個人の口腔ケアなどのサービスを提供する。例えば、一日目の午後に、14 時 47 分に、利用者 C さんが製作に疲れて、隣の部屋で職員と一緒にリハビリ訓練を 10 分間行った。二日目の午後の 14：05 分には製作に疲れた D さんに膝と足のマッサージをしたり、また、14：10 分に N さんが昼寝してから足用リハビリ器を使って足の運動をしたり、14：50 分に製作の休憩中に 3 人の利用者が足の運動をしたり、などなどである。

　③　適切な会話による脳の活性化

　「通い処愛和」にいた時、職員が利用者に対する話かけ方によって、利用者がリラックスにでき、スムーズに会話が進んでいることに気付いた。例えば、一日目の 10：30 分に D さんの自己紹介である。普通の会話だったら、スムーズに進む。しかし、D さんの場合は、すぐに名前を言えなかったが、職員の緩やかな誘導の会話に沿って、三回目の言葉で「お、井上よし子です。よろしく」という自分の名前を言えるような文になり、さらに、最後に「私、井上よし子って言います。」という完全な文章になった。また、出身についての会話は、職員が利用者 D さんの話の内容を何回も復唱したことがあった。それによって、D さんは今何をしているのか、今の状況を把握できるようになって、最後に、「お陰で、皆、上達が上手だし」という面白い冗談をしてくださった。

　したがって、認知症だから会話ができないというような認識は間違っている。D さんの場合、話すことはでき、ただ、反応が普通の人よりちょっと遅めだっただけである。それに対して、職員が焦ら

ずに、ゆっくり話かけたり、相手の言葉を復唱したり、道具を使ったりすることによって、面白い会話が進むことになる。話している当事者と聞いている他の利用者両方が、話したり、笑ったりすることによって脳の活性化になり、認知症の予防にも効果的だと感じた。

　また、例えば、二日目の午後14：50分の時にその場で自然に出てきた笑い話があって、利用者の方々がとてもよく笑っていた。さらに、その雰囲気の余韻の中に、Dさんが演歌、民謡などの歌を歌ったり、踊りの手ぶりをしたりすることで、活発な雰囲気となった。

　④　外出が多い

　今回の調査では、皆一緒に外出することは見られなかったが、個別にこまめに外出しているようであった。例えば、3日目に、外出が大好きなSさんが昼食の後、「通い処愛和」の管理者市原氏と一緒に阿蘇に行って、午後3時のおやつの時に帰ってきたことである。職員中島が以下のように外出のことを色々と語ってくれた。

　中島：　ここは、（昼食の）食材とかも仕事の合間に買いに行ったりとか、外出希望の方のあとについて行ったり、あと、畑に行って芋ほりをしたいとか、そういうふうに、気分転換を兼ねての外出が結構多くできる。女性は買い物が好きなので、女性が多い日とかは、曜日によって、買い物をその日に入れてみたり、また、利用者の人数に合わせて、大体1か月前から予定を組んどくですけど、その日に合わせて、天気が良かったり、悪かったりとかで、（外出日と内容を）変えたりして、必ず月に一度外出ができるようになっている。

　筆者：　先ほど、先日パン屋さんに行ってきた、楽しかったという話を利用者さんから聞きました。

　　中島：　そう、パン屋さんは皆が結構好きなんです。前は、洋服を買いたいとか、そういうのがあったけど。でも、今は服より食欲、食べ物の楽しみ、そっちに結構気が行くので。男性は服には興味がないじゃないですか、だから、ほとんど、外出は天気の良い日に阿蘇とか山とか海とかそういうところに行くんですけど、江津湖、阿蘇に行ったり、希望があれば、おやつの時にさっき言ったパン屋さんに行ったりします。

　　筆者：　パン屋さんに行って、利用者さんが自分で払うんですか。

　　中島：　そうです。ここは基本的にお金を預からない、持ってこないとなっているんです。最初に、契約の時に、（お金を）お預かりをしていないという話をしているんですけど。でも、自分が管理できる方、また、もしもなくしても仕方ない、自分の管理が不足だったとして、納得できる金額、2千円ぐらいであれば、持ってきても良いという話もしているんです。持ってこられる方がいれば、持ってこられない方もいて、こちらでも、千円以内であれば、貸しておくんですよ。送迎の時にレシートを（家族に）見せて、「これを買われて、代金良いですか」と言って、もらったりして。（例えば、パン屋さんに行って、皆が買われているときに）「お金の心配にならないようにね」、「ご主人、家族さんがお金をくれるから、心配いりませんよ」とか言って。でも、ものを買いすぎたりするので、（その時に）、職員が「2人家族だからね、これだけは要らないよ」と言って減らして、できるだけ千円以内で抑えるように、千円内に収めるぐらいで買っていただく。

　　家族さんも、（助かってる）、結構、買い物に連れて行きたいけど、ちょっと不安じゃないですか。いなくなったりとか、誰かに迷惑をかけるかもしれないとか、それがあるので、こっちで気分転換で買い物に行ってもらうと助かるということで、（家族から）買い物に行っちゃいけないと言われたことは今までないので、助かるとか、何百円以内であれば（いい）ということです。

　　三日間の調査の間に、利用者から「パン屋さんや洋服の買い物な

どの外出が楽しかった、おいしかった」という話を何回もうかがった。ほとんどの利用者が気分転換の外出をとても喜んでいることが分かった。

⑤　臨機応変な姿勢

「通い処愛和」はもちろん利用者のケアプランに沿って、介護サービスを提供している。しかし、利用者の気持ちと状況が毎日違い、健康状態も日々異なっている。したがって、「通い処愛和」の職員はその利用者の状況を見て、いつもの様子と違ったことに気づいたときに、その利用者に提供するサービス内容や入浴時間と回数を変更すべきかどうかをみて素早く対応していた。

　例えば、二日目の午前9：55分に、職員中島は利用者Nさんの血圧が普段より高かったと気づき、看護師である1人の職員に伝えた。その職員が以下のような会話をして、「どうもない? きつい?」と繰り返し言って、様子を尋ねながら、もう一度測った。その後、Nさんの様子を職員全員に、特に、管理者市原氏と今日の主な介護担当者に伝えた。しかし、伝え方にも一工夫を行っていることが、今回の調査を通して分かった。それは、職員達の間の意見交換を行う場合は、利用者、皆の前で大きな声を出さないことである。ほとんどの利用者達が気づかないように意見交換、意思伝達を行っている。実は、当時、Nさんの入浴サービスが変更になったことをその場にいた筆者さえも全然気づかなかった。

　その日の最後に、「Nさんの血圧が確かに高かった。しかし、顔色が悪くないし、本人が大丈夫と言っていたので、とりあえず様子を

見て、よりこまめなチェックすることにして、今日の入浴をしない
ようにした」、「そのことはちゃんと本人と本人の家族さんとケアマ
ネージャーさんに伝えて、許可をもらったので、今日はそういうふ
うにした」と職員中島が語ってくれた。また、「もちろん、今日、N
さんの血圧をこまめに測ってチェックしていた」と語った。確かに、
見た限り、午前中には3回、午後には1回、Nさんの血圧を何回も
測っていたことがあった。

　利用者の状況は職員全員で把握できるようになっている。さらに、
利用者のケアマネージャーと家族に早い時間の内に連絡して、早め
のサービス変更ができるため、利用者を温かく見守ることができる
と分かった。したがって、利用者の普段の様子を常に把握できない
なら、このような適切な調整はできないと思った。職員の素早い対
応、こまめなチェックと臨機応変の姿が印象的であった。

　⑥　ニーズに対応した柔軟なサービス

　「通い愛和」の職員は利用者一人一人の性格、特徴、趣味などに
合わせた個別対応サービスを提供している。その例は数えきれない
ほどたくさんある。

　例えば、一日目に来られた要介護度1の利用者Fさんは、介護度が
低く、よく動ける人であるため、昼ごはん後の片づけや茶碗洗い後
の拭きなど、負担にならないようなことをやっていた。その時には、
管理者や職員とよく話をしたり、アドバイスをしてあげたりして、楽
しそうな顔をしていた。また、いろんな製作に積極的に取り込んでい
る。このような家にいるとほぼ同じようなことと運動を普段の通所生

活にもうまく取り入れることは認知症予防対策としては、効果的なのではないかと感じた。Fさんと本人の家族も同じようなことを言っていた。そのことを示す去年10月に記録されたFさんのお家における自宅訪問調査内容を一部取り上げて、以下表Ⅳ-5に紹介する。

表Ⅳ-5：サービス担当者会議の要点

	作成年月日：平成23年10月19日
開催場所：ご自宅	
検討した項目	今後のご利用の際、希望されること。 ご自宅での過ごし方について
検討内容	ご本人様：「自分はとても元気になっていると感じている。このまま続けてお世話になりたい。」 　ご家族様：「以前より活気が出て、見違えたよう。精神面での安定がとれているのか。不安を訴えることがなくなった。それと同時に足の痛みの訴えもかなり減ってきている。このまま続けて今の状態を維持してほしい。」 　ご本人様：「今はすることがたくさんあって、休みの日も楽しめています。」 　ご家族様：「以前は夜間に起きてくることもあったが、今ではそれが全くなく、ぐっすりと眠っている。帰って来てから愛和の話題で盛り上がり、家族も喜んでいます。朝起きる時間も7時と決まっており、一日の流れができている。」

出典：「通い処愛和」の資料に基づき筆者作成

　今のFさんは、実に、明るくて、よく動いて、よくしゃべり、よく笑っている方である。しかし、「通い処愛和」に通う前にはそうではなかった。Fさんはなぜ通所介護を利用することになったのか。以前の面談記録を見ると明らかとなる。（表Ⅳ-6に参照）

表Ⅳ-6：「通い処愛和」　インテーク面接記録

	作成年月日：平成23年6月6日	
	記録者：市原（施設管理者）	
主訴：	以前、父がお世話にないっていました。父が入院後、母の認知症が悪化し、外出時等問題が起こっています。知っているところに通って、以前の明るい母に戻ってほしいと思っています。	
家族の要望：	元々、明るい母ですが、父の事になると考えすぎて、混乱することがあり、困っています。近所の方も。	
本人の要望：	周りの勧めもあり、笑って過ごした方が楽しそうなので、デイサービスに行ってみようと思います。色んなこと（工作、お話、おでかけ）に挑戦してみたいです。	
本人の考え：	在宅生活	
家族の考え：	在宅生活	
家族の状況：	夫は入院中。長女、孫と同居していて、協力的。	
病名：	1. 糖尿病 2. レビー小体型認知症 3. 高血圧	

出典：「通い処愛和」の資料に基づき筆者作成

　「Fさんの家族との面談を通して、ご家族様がとても協力的で、母であるFさんが元気になってほしいという家族達の思いを強く感じた」、「Fさんはご家族さんの温かい見守りを受けながら来はじめたんですね」と管理者は語っていた。

　Fさんは40年前から糖尿病を持ち、3年前から軽い認知症を発症、1年前の夫の入院で、認知症が悪化し、心配しすぎなのか、ストレスなのか精神面での不安を生じた。そして、近所との付き合いや家での生活などに障害が出始めた。このように、「通い処愛和」は、

現時点での状態だけでなく、今までの人生の歩みから認知症の発見まで丸ごと見ている。そうすることによって、Fさんに合ったサービス内容の重点を探し出すことができる。それは、まず、不安を解消することであると管理者市原氏が語ってくれた。そして、Fさん本人だけではなく、本人のご家族も不安をもっていた。それは、以下のとおりに、平成23年8月20日の家族からの手紙で示されている（一部引用）。

　いつも大変お世話になってあります。前日より、迎えを早めてもらっており、とても申し訳なく感じています。なるべく朝から、声をかけ、待ち過ぎないように注意はしているのですが、本人に、時間の感覚があまりないようで、「何時に迎えが来る」というのを、はっきり分かっていないように思います。なので、可能であれば、お迎えの出発前に愛和さんから自宅へ電話をしてもらえないでしょうか。

　9時前後に電話を頂いて、祖母本人に対応させるので、「あと、○○分で着きます。家で待っててください」等、一言もらえると助かります。（家族じゃ聞きいれないので）

　もちろん、愛和さんのご都合もあると思うので、あくまでも一案として、検討して頂けると助かります。本当にご迷惑ばかりおかけていますが、何卒、よろしくお願いいたします。

平成23年8月20日　　　（孫）

　「通い処愛和」はFさんの家族の以上の要望に応えて、迎えに行く前に電話をかけており、Fさんが慣れるまで今でも続いている。また、その1ヵ月後、Fさんのことを手紙を通して、家族は以下のように語っている（一部引用）。

　いつも、お世話になっております。

祖母の件ですが、ご心配をおかけして申し訳ありません。

前々から話の矛盾があったり、思い込みで話をしたりというのはあったりですが。

愛和さんに行き始めてからは、うまい具合に見え隠れするようになっていて、あまり気にならない程度まで落ち付いていました。

中略

季節の変わりめや、そういう波の時期がまた巡ってきてるんだと思い、とりあえず、様子を見ていこうと思います。もし、愛和さんの方でも何か変化ありましたら、教えて頂けると助かります。どうぞ、よろしくお願いいたします。

平成 23 年 9 月 20 日　　（孫）

「通い処愛和」は利用者の様々なニーズに応じて、ケアプランに含まれていない、手が届かないところに細かなサービスを提供している。さらに、利用者本人のことではなく、利用者の家族のケアを含めた柔軟なサービスを提供している。これは、NPOのボランティア精神、奉仕精神が現れているのではないだろうか。

Fさんは「通い処愛和」に通うことによって、以前よりずっと明るくなった。愛和とFさんのご家族との努力で見事に状況の改善が進んだのである。Fさんのケアマネージャーは、今年 10 月末に策定した居宅サービス計画書において、以下のように評価していた（表Ⅳ-7 参照）。

表Ⅳ-7：居宅サービス計画書

	作成年月日：平成 23 年 10 月 31 日
	継続・認定済
居宅サービス計画作成氏名：○○　○○	

続表

居宅介護支援事業者・事業所名及び所在地：○○、○○	
利用者及び家族の生活に対する意向	家族）　デイにいくようになり夜間もよく眠れるようになりました。 　家でも手作業をして以前より笑って過ごすことが増えました。 　今後も継続して利用させてほしいです。 　本人）　愛和さんへ行くことが楽しく毎日でも行きたいです。 　いろいろと愛和さんに行くと私がお世話する事が多く充実しています。
総合的な援助の方針	現在、本人様なりに生きがいを持って生活が出来ているため今後も愛和デイを活用し現状が維持出来毎日が笑顔で楽しく生活が出来るよう支援していきます。 　自信が持てるように出来る作業は今後も積極的にチャレンジしていきましょう。 　随時状況に応じ時間や回数の変更を行っていきます。 　　　　　　　　かかりつけ医：○○　　TEL：… 　　　　　　緊急連絡先：○○（長女）　　TEL：…

出典：「通い処愛和」の資料に基づき筆者作成

⑦　サービスの内容と質の改善

　「通い処愛和」は、職員達の間で1ヵ月か2カ月に1回の会議を、また、家族、ケアマネージャーとの面談を行って、3カ月の短期目標と半年に1回の長期目標の検討会などを実施している。そうすることによって、利用者それぞれの変化や特徴をできるだけ把握することが可能となり、そして、それに応じた適切なサービスの内容と質の改善にもつながっていると考

　えられる。例えば、Fさんの場合、以下のようになっている（表Ⅳ-8参照）。

表Ⅳ-8：サービス担当者会議の要点

一、作成年月日：平成 23 年 10 月 19 日	
会議出席者：	ご本人、長女、孫 ケアマネージャー、愛和相談員（中）
検討した項目：	● 今後のご利用の際、希望されること ● ご自宅での過ごし方について
検討内容：	ご本人様：　自分はとても元気になっていると感じている。このまま続けてお世話になりたい。 　ご家族様：　以前より活気が出て、見違えたよう。精神面での安定がとれているのか。不安を訴えることがなくなった。それと同時に足の痛みの訴えもかなり減ってきている。このまま続けて今の状態を維持してほしい。 　ご本人様：　今はすることがたくさんあって、休みの日も楽しめています。 　ご家族様：　以前は夜間に起きてくることもあったが、今ではそれが全くなく、ぐっすりと眠っている。帰って来てから愛和の話題で盛り上がり、家族も喜んでいます。朝起きる時間も7時と決まっており、一日の流れができている。
結論：	● 愛和では、今の生活の流れ（昼食後の食器洗い、洗たくの物たたみ等の手伝い）を続けていき、楽しみを持って生活していけるよう支援する。 ● 起床時間も安定し、食事面のことも自分で出来るようになってきた為、ご家族見守のもと、できることはご本人様にしていただくようこちらもアドバイスをしながら今の状態を続けていく。
残された課題	今後もご本人様、ご家族様と共にご自宅で一緒に生活していきたいとの希望がある為、ご主人様がおられないことへの不安などの精神面での安定をはかるためには、どのようなことが必要か。（季節の変わり目に気持ちの変化に対応する等）

続表

二、作成年月日：平成 24 年 4 月 1 日	
通所介護計画書	
作成者氏名	施設管理者
解決すべき課題（目標）	①夜間に安眠出来、活動量も維持できているので継続してデイに行ってほしい ②自信を持って過ごせるように出来ることは積極的に参加してほしい。
短期目標（3か月）	リズムのある生活が継続して送れる
長期目標（半年）	①活動量を確保し、健康的な生活が送れる。②毎日笑顔で生活が出来る。
個別援助内容	①外出行事への参加・買い物の手伝い・レクリエーション・体操などに参加することで、日中の生活が充実したものとなるようにしましょう。 ②デイ内の家事のお手伝い、子供たちとの触れ合い、手芸・小物作り、他ご利用者様・職員との会話を楽しむ 　学習（脳トレ）
留意事項	● その日の気分に合わせた活動が楽しめるように配慮致します。 ● いろいろな相談事など、話しやすい関係づくりに努めます。 ＊食事療法及び食後の内服管理、健康面の見守りを行い、体調変化時の早期発見に努めます。 ＊ご家族の希望に応じて自費お泊りのご利用が出来るように配慮します。
三、作成年月日：平成 24 年 5 月 14 日	
カンファレンスシート	
一般状態	職員と同じような行動をしようとされる為、一日中動いていることが多い。時折休憩の声かけをするが、かたくなに拒否をする。
摂食	食べるスピードが早い。好き嫌いなく食べられる。
排泄	一日 4 回行かれている。糖尿がある為、今後も回数、様子観察を行う。

続表

入浴	こちらでは、洗髪の介助のみ。左ももの筋肉量低下が見られる。今後も皮ふ状態、筋肉量の観察を行う。
送迎	Tel 対応にてスムーズにできているが、服の準備ができていないことがあり、家族様の負担有。送迎時、ご家族様にご自宅での様子をうかがう。
レクリエーション	好き嫌いがある為、集中している時間、しない時間がある。日によって動作が遅い為、その時に合った声かけが必要。一人で独占してしまうことがある為、洗たくもの、足の体操等の声かけをする。
移動	迎え時、一人で駐車場内を歩かれる為、先にご本人様より1人をデイルーム内へ誘導する。生ゴミ捨ては職員が対応し、その間の洗い等、他の役割をたのむ。
次回への課題	レクリエーション時の声かけ、足の体操による筋肉回復ができているか、今後も様子観察を行う。

出典：「通い処愛和」の資料に基づき筆者作成

　以上のような面談・検討会は不可欠であり、利用者一人一人の状況や特徴を把握するための一つの手段である。しかし、まだ、不十分だと管理者市原氏は語っていた。

⑧　利用者一人一人の特徴と個性を尊重する

　利用者のそれぞれの人生が違って、それぞれの生活習慣が違って、特徴も違う。職員全員が利用者の特徴を、すべてではないが、自分の家族みたいにすぐに言い出すことができる。

　「Dさんは、以前舞踊の先生でしたので、民謡や踊りなどが得意で、踊りもとても好きですね」

　「Hさんは、95歳で、この中で一番年長ですが、一番元気、話しも好き」

「Cさんは、以前先生で、製作にはとても興味がある」

「Fさんは、動きが早いし、家事や洗たくもののお手伝いが大好き」

「Nさんは、うちに来て、まだ長くないが、笑顔がとても素敵ですよ」

「Bさんは、ちょっとわがままで、若い女の子が好きで、コーヒーが好きです。だから、毎朝、お茶の代わりにコーヒーを出している」

「Pさんは、デイに通わせるために、家族とケアマネージャーと「通い処愛和」、3者が1年間かけて、説得したんですよ。歌が大好きで、愛和でのカラオケ以外の活動に一切参加しなかったんですね。体操も、製作も、レクリエーションも。でも、強制的に参加させないようにしている」

　特に、Pさんの場合については、二日目の午後の内容を見れば分かる。職員の言ったとおりに、Pさんは足の運動に、製作に、リハビリに全く参加しなかった。ただ、おしゃべりと歌しか興味がない。ほとんどの利用者が製作をしている時に、退屈と感じたのであろうか、廊下と玄関へ行ったり来たりしていて、落ち着かかなった。その時、職員達が製作に参加するように強制的に勧めなかった。Pさんに声をかけたり、時間を設けて2人の会話をしたり、できるだけPさんと多くしゃべるように努力していた。利用者の特徴と個性を尊重する職員の姿は感動的であった。

（4）職員へのインタビュー

「通い処愛和」の職員は全部で7人である。今回取り上げた二日では、利用者9名対して職員6人と利用者6名に対して職員6人、というふうに手厚く配置されていた。その日のサービスを提供する主要担当が1人、補助役が3人配置され、ブラス1人が入浴係、給食栄養士1人などで、管理者と所長を含めて、一つのチームとなって、効率よく動いていることが分かった。そして、順番で役割を交代することになっているので、すべての職員が利用者の状況と性格を把握できるようになっている。どの職員に利用者の状況と変化を聞いても、すぐに答えられるということは印象的であった。

職員中島はこの仕事に対して、どのような思いを持っているのか、愛和についてどう考えているのかを以下のようなインタビュー形式で述べたいと思う。

筆者：　なぜこの福祉の仕事を選んだんですか。

中島：　私は生まれた時に、家におばあちゃんがいたんですよ。おばあちゃんがいて、（私が）おばあちゃん子ですよねぇ。おばあちゃんのために福祉をしようと小学校の時に思って、それからずっと思っていた。ほんとは、介護をしようと思ったんですけど、学校に行って、いろいろ選択できるじゃないですか。2年間いて、6つのコースがあったんですけど、自由がきくかなと思って、また、社会福祉士は4年大学じゃないと取れないでしょう。だから、難しい方を取っとこうと思って。

筆者：　この仕事は難しいとか、つらいとかがあると思いますが。

中島：　あります。幼稚園の先生だったら、（卒業園児を）見送って、これからがあるじゃないですか、未来がある。（しかし、お年寄りは）亡くなって行かれるし、

緩やかだけど、どんどん弱くなっていくのですよね。皆さんが弱っていくので、ど
うしでも回復にはつながらないじゃないですか。だけん、そこが悲しいかな。ここ
は、結構、職員さんの人間関係がいいので、そこがあんまりないですけど。利用者
が弱っていくことは悲しい。ここでね、2年ぐらい働いている間に、5人ぐらいまし
たよ（5人ぐらい亡くなられたこと）。全部男性なんです。男の人はやっぱり早い、
弱くなっていくのが早い。でもね、少しでも手助けできたのかなぁぐらいと思えば
良いのかなぁと思って。

　でも、ストレスが皆さん溜まるので、職員もやっぱ溜まるんですよ。利用者も
（ストレスが）溜まるし、それが結構反映してきて、私達もたまるけん。（すべて）
うまくいっているわけじゃない。ここは、（主に）認知症対応なので、どんなに尽く
しても忘れたりとか、あるじゃないですか。だけん、反映されなくて、きついけど。

<中島さんなりのストレス解消法>

　中島：　だから、一日あったことを一日忘れる。ふり返らないようにしている、
愛和にいる時にふり返って、こうすれば良かったなぁ、まだ明日につなげようと思っ
て、家には持ち帰らないようにしている。家では、愚痴とか皆さん言うじゃないで
すか、「今日の仕事でねぇ…」みたいな話もやめている。じゃないと、無理。続かな
いと思う。結構、社会福祉をやめる人が多いですよね。

　筆者：　そうですね。仕事は難しいが、給料はそんなに多くないでしょう？

　中島：　そうそう。そうですよ。私も給料が安いので、替えたいなあと思ったり
するんですよ。だけど、給料じゃない部分があるんですよね。やりがいとかがある
から。給料の良いところで忙しくするよりも、人と関わっていたほうが良い。スト
レスがたまりやすいですけど、良いのかなぁと思って。

<職員から見た愛和の特徴>

　筆者：　愛和について、どう思っているんですか。

　中島：（愛和）の一番大きな点は、やはり個別対応できること。大きなところだ

と、時間時間決めてたりとか、回数がきっちりしてますけど。（ここは）そうじゃなくで、その方達の利用したい時間、回数を利用者に合わせて、融通がきくところが多分一番魅力で。大きなところでは流れ作業じゃないですか。お風呂の時間は決まってる、食事の時間は決まってる、なんですけど。ここは、その方達に合わせて、食事を提供したり、体調が悪くなったら、午後からしてみたりとか。時間の替え。あと、希望があれば、外出を個別でも対応したりとか、そういうところで個別の対応ができて、なるべく、活発に動ける。その本人に合った支援ができることは小さな施設の魅力です。

　中島が言った通りに、調査日の三目日に、昼ごはんの時に1人の利用者が食べたくなかったため、捨てずに保留にしておいた。午後の3時に食べる気が出てきて、ご飯を全部食べるようになった。

　中島：　普通の大きな施設だったら、入浴の時間も決まっているんですよ。午前中が男性、午後からは女性にして。入浴人数が60人とかね30人とかね結構大きかったので、入浴はほぼ流れ作業です。この人が20分とか決まっているんですけど。ここは、長く入りたいとか、熱湯とか、温湯とかが調整できるんですね。ここは、お風呂が1人ずつなので、そのつど、温度設定を変えてみたりとかで、結構、自由にできる。そこが魅力ですね。大きなところは多分できないと思うんですよ。

　この事は調査をした結果ともよく符合している。ある利用者の家族がわざわざ、お風呂代を出したのを見たことがある。もちろん、お風呂代は受け取れない。つまり、その利用者が愛和のお風呂をとても気に入っていることが分かるエピソードである。

　中島：　あと、（ここが基本的には4時までですが）、利用者さんが急に用事があるときに、ちょっと時間をずらして出てみたり、送迎の順番を変えて、遅らせたりして調整ができるので。家族さんにしても、たぶん、助かる。結構あるんですよ。

例えば、「病院に行って、遅くなるから帰れないので良いですか」とか頼まれる。私達の仕事は5時半までですけど、6時じゃないと難しい時に、送るじゃなくで、迎えに来られる方達もいるんです。仕事のお帰りにここに寄って帰るとか、6時まで家族さんを待ったこともありましたね。また、鍵が開いてないとか、電気がつかないとかが結構あるんですよ。そういう時に、また、こっちに引き返して、電話対応して調整しながら返す。絶対1人にならないように、不安なことがないようにできています。そしてね、家族さんがどうしてもいなくて、難しいとかという時に、家の鍵を預かったり、また、鍵を預かっていても、1人で家で過ごされるでしょう、外に出て行かれる可能性があって、実際このことがあったのですよ。そこで、話し合って、ご家族の了承を得て、外鍵をつけてみたりとか。そういうふうに、とにかく、安全なように。

　この事について、今回の調査期間中では、引き返した事例は見られなかったが、利用者の家の鍵を送迎の職員が預かっていて、家のドアを開けたり、外でノックしたりということは何回も見た。つまり、利用者、利用者のご家族と職員の間に信頼関係がとても深く築かれていることが分かる。

　中島：　ここのもう一つ大きな特徴は、月に一回のミーティングがあるんだけど、（基本的に）、ちょこちょことその日その日で解決できるようにできる。人数が少ないので、それができますね。

　三日目の調査日にお風呂に入る予定だったNさんの血圧が普段より高めであったため、ケアマネージャーさんに報告して、家族と話した結果、その日のお風呂をやめるようになったことが分かった。

　＜クレーム対応＞
　筆者：　利用者からのクレームがありませんか。

　中島：　怒られたことがないが、楽しくないという苦情がある。例えば、今日たまたま来られている一人の利用者が皆の輪に入れなくて楽しくないという話を聞いたんですよ。現場を見てみたら、一番人数が多い日に、職員がちょっと対応できなくて、一人ポツンとなっていたことで、そういう苦情が来たことがあったんですよ。（それを解決するために）職員全員に話して、あいうときこうだったねとか、なぜ輪に入れないのかについて話合いをする。

（5）ケアマネージャーからの評価

　「通い処愛和」に対する外部からの評価を知るために、「通い処愛和」に2人の利用者を紹介しているケアマネージャーに話しを聞きに行った。ケアマネージャーは以下のように述べていた。

　筆者：　なぜ「愛和」にお客様を紹介するようになったんですか。

　ケアマネージャー：　私は愛和さんを紹介したきっかけは、最初に愛和さんを見に行った時の家庭的な雰囲気、それから食事、それと、利用者さんと職員さんの顔をいつでも見られる。私達が行っても、すぐ中に行って、利用者さんと会話とか、「リビングの部屋でお話しても良いですよ」というふうに言ってくださる。とても和やかな雰囲気の中で面会ができるという、中の様子も分かりやすいというのがありましたね。風通しが良い施設だということですよね。また、別の施設の例を取ると、玄関でピンポンを鳴らして、玄関のところでカーテンで仕切られていて、利用者さんの方を玄関に連れていく（つまり、施設の中の実際の風景を確認できない）。だから、（愛和では）家族さん、利用者さんがいつも見に来て、いつでも同じような雰囲気で見てくれるのが良いなぁと思うんですね。

　筆者：　どうやって、愛和のことを知るようになったのですか。

　ケアマネージャー：　交流会の時に、ウチの社長が愛和の管理者の隣席に座っていたので、いろいろお話をして、「どうぞ見学にいらっしゃってください」と言って

下さって。その後、すぐ見学に行った。

2. 特定非営利活動法人「あやの里」の活動内容

（1）特定非営利活動法人「あやの里」の活動と組織概要

「特定非営利活動 NPO 法人あやの里」（以下、「あやの里」と表記する）は熊本東部の山ノ内の地域を中心に高齢者福祉・介護活動を行う組織である。平成 13 年（2001 年）に設立され、すでに13 年が経った。設立当時は介護支援事業所とグループホームしかなかったが、現在指定介護サービス事業所として6 事業所、8 部門の運営を行うようになった。主に認知症の高齢者の住まいと通所サービスを利用している方々を対象としている。活動実績の事業収入が平成 22 年度（2010）で2 億円に達した。2 億円以上の収入は熊本県福祉 NPOのトップクラスであろう。「あやの里」は今までかなりの実績を重ねてきて、充実した地域密着型福祉 NPOに変身した。

代表者（設立者）である岡元俊子氏は以前高齢者介護の最前線で活動していた経験があったため、高齢者福祉・介護が社会にとって、家族にとっていかに大切かを日々痛感したと語っていた。「特定非営利活動 NPO 法」が出来たことをきっかけに、実家の土地と建物を無料で提供し「あやの里」を設立した。親身な福祉介護の経験を活かして「高齢者一人一人が生活意欲を持ち、健全で自立した自分らしい普通の暮らしを継続できるように」という運営方針を提唱した。

さらに、スタッフのキャリアアップのために人材育成に注力して

いる。市町村が開催した職員研修会、NPO 研修会、小規模多機能ケア全国セミナーなどに積極的に参加し、「あやの里」内部でも毎月必ず職員全体研修会を行っている。高齢者福祉・介護についての養成講座を通して、専門的かつ最新の介護知識を教えている。また、季節によって脱水対策、熱中症対策、認知症のケアなど様々な対策研修を行ってきている。様々な人材育成活動を行うことがより良い質の介護サービスの提供につながっている。これらは結果として、利用者も年々倍増で140名、サービスの提供に当たる職員も55名になった。それだけではなく、たくさんのボランティア参加者も集まってきて心強いことであろう。

　「あやの里」はこの緑豊かな住宅地に普通に存在する「家」に見えるが、入所者がこれまで過ごしてきたような生活の延長線上にある暮らしを出来るだけ変えないように努力してきた。そのため、介護保険制度の枠内の介護サービスはもちろんのこと、制度の枠外で定期的に行われる様々なボランティア活動にも力を注いてきている。身近な家事を担ったり菜園栽培を行ったり、恒列の「シリーズ花見」に出かけたり利用者とともに日々の暮らしを楽しんでいる。また、月に一回の家族会、訪問歯科ボランティア、二胡のボランティア演奏会、専門の先生から指導を受けられる歌の会や朝のレクレーション、健康体操など、レコードで昭和のメロディの観賞会などの活動を行っていて、入所者の皆様のとてもわくわくしている様子を筆者は忘れることができない。利用者とスタッフが一体に融和しているように感じた。

　以下に示す通り、「あやの里」の家族会員である利用者の家族からの満足の声もたくさん届いているのである。

　「今年、母は101歳に向かっています。今までの苦労なんて全然覚えていない、今とても幸せと申します。子供の名前を時々間違えますが幸せです。すべで「あやの里」のお陰で感謝、感謝です」。

　「岡元代表のグループホームに対する姿勢、熱意、愛情、お話を聞いて、母を預けるのはここしかないと思い、入居の許可を首を長くして待っていました。人としての尊厳を守って頂いてとても幸せです」。

　「『あやの里』は環境が良く、保育所・小学校と地域の方々とも交流が深く、すぐれた場所だと考えます。一番大事な、統率力のある理事長のもとに融和を図りながら「あやの里」を盛り上げておられる職員の方々に敬意を表したいと思います」。

　しかし、施設運営者から見ると様々な問題があるようである。代表者は施設を運営する中では、人材育成が難点だと語ってくれた。そして、NPOに対する税金優遇措置がまだまだ改善していないこと、NPO事業を運営するためのアドバイス、助言などの指導をしてくれるところが少ないのが問題であるとも「あやの里」の代表岡元氏は指摘していた。

　次に「あやの里」の組織概要について、以下のとおりに示すことにする。

表Ⅳ-9:「あやの里」のプロフィール

組織名	特別非営利活動法人「あやの里」
活動地域	熊本市東部を中心に、その周辺地域
サービス内容	介護支援事業所、ホームヘルプ事業、通所デイサービスセンター、グループホーム、有料老人ホーム
介護保険枠外のボランティアサービス	家族会（あやの会）、健康教室、健康体操、歌の会、レコード鑑賞会、地域ふれあい活動、夏祭り、「地域ふれあいホーム」の運営
対象者	要支援者、要介護者（主に認知症高齢者）、地域住民
会員数	利用会員数：140人 職員会員数：55人

事業内容	利用人数	スタッフ数
居宅介護支援事業	40人	5人
ホームヘルプ事業	40人	15人
通所デイサービスセンター	50人	15人
グループホーム	18人	12人
有料老人ホーム	15人	8人

スタッフの内訳	人数
社会福祉士	1人
介護福祉士	12人
介護支援専門員	11人
訪問介護員等	14人（兼務含む）
看護師	9人
社会福祉主事	8人
ヘルパー2級の介護職員	20人
ヘルパー1級介護職員	10人
その他	6人

出典：訪問調査の質問票に基づき筆者作成

＊複数の資格を所有しているスタッフがいるため、スタッフの累計数は職員数より多くなる。

（2）「あやの里」の介護サービスの内容

①　デイサービスセンター

表Ⅳ-10：二日目（6月20日）の活動内容

一日目（6月19日）の活動内容	
利用者11名（男性2名、女性9名） 介護職員4名（男性1名、女性3名）、実習生1名	
時間	サービス内容と会話
8：30	朝の申し送り。 職員5人全員が顔を合わせて、今日の注意事項などを確認していた。
8：40	3人の職員が送迎に出かけ、2人の職員が留守番でお風呂を準備したり、お茶を準備したり、ホールに音楽を流したりしていた。
8：45― 10：00	利用者が次々と「あやの里」に到着した。 お茶を飲みながら休憩していた。職員達は一人一人に声をかけて、体温と血圧をゆっくり測っていた。
10：30― 11：00	ボランティア者によるリハビリ体操をし始めた。 利用者達はボランティア者の動きを真似して、頭、肩、腕、足などを左右や上下に動かしたり、回したりしていた。次に、新聞紙で巻いた棒を使って、体操をしたり、皆で声を出して歌を歌いながら肩を叩いたり、剣道みたいに棒を振ったりして、楽しそうな顔をしていた。そして、その後、指を揉んだり、両手を振ったりして手の体操をしていた。 最後に、皆で熊本の民謡を歌いながら、肩を上げたり、手を叩いたり、足を踏んだりして、一つにまとまった活気のある雰囲気となった。
11：00	1人の職員がリハビリ体操後の片づけをしていた。

続表

11：08— 11：30	利用者に今日の実習生と筆者の事を紹介した。 職員がホワイトボードを隣の部屋からもってきて、そして、筆者は自己紹介をした。出身地、年齢、名前と中国語での読み方を教えた。利用者の方々は興味しんしんであった。 次に、利用者の方の自己紹介があり、名前、年齢、趣味を教えて頂いた。利用者の皆さんは自分の名前をしっかり覚えているようであった。利用者が自分の名前を言って、職員がホワイトボードに書き、皆に見せた。利用者は自分の名前と生年月日をしっかり覚えているようで、とても生き生きした顔となった。また、利用者の間で、「珍しい苗字ね」、「いい名前だ」という声が上がり、盛り上がっていた。
11：31	昼食前の口体操。 「バ、カ、ハ」をそれぞれ10回言った。
食前の口体操は他の施設でもよく行っていた。	
11：33— 11：50	昼食前の準備。 テーブル拭きやお盆拭きを職員と一緒にやった。 動きが早い1人の利用者がエプロンをかけて、3人の職員、1人の実習生と一緒におかずの盛り付けをしたり、お茶を入れたりしていた。 2人の職員は利用者の状況に応じて、はさみを使っておかずを細かく切ったり、味噌汁にとろみをつけたりしていた。
その時、リビングに流れた曲は日本の民謡であった。	
11：50	昼ごはんの時間。 職員が今日のおかずを紹介して、利用者皆が手を合わせてから、食べ始めた。
その時、リビングに流れた曲はケーキ屋で聴くようなおしゃれな洋風の曲であった。今日は、食事全介入が必要な利用者がないため、3つのテーブルを一列に並べで利用者全員がテーブルに座って、一緒に食べることができた。	
12：10	食べるのが早い利用者は食べ終わった。 午前中の活動量が多かったためなのか、8人の利用者は口を大きく開けて、おいしそうに、バクバク、早く食べ終えた。 デザートであるメロンを全員が完食した。

続表

12：15	利用者はソファに移動して、テレビを見たり、テーブルにそのまま座って休憩したり、おしゃべりしたりしていた。 ほかの3人の利用者は自力でゆっくり食べていた。
12：18	職員は利用者をトイレへ誘導をしたり、口腔のケアをしたりしていた。
12：50	一番遅い利用者は昼ごはんを自力で食べ終わった。

　昼ごはんを一番遅く食べていた利用者は回りに気を使わずにスプーンを使ってゆっくり食べていた。職員はその利用者が自力で食べられるように、敢えて手伝わないようにしていた。ただ、他の事をしながら、見守っていた。それは、「あやの里」の介護の特徴だと感じた。

13：08	2人の利用者が食後のテーブル拭きをし始めた。
13：13— 13：20	3人の利用者が食後のお皿やお碗の水拭きをしていた。

そして、その後、そのままテーブルに座っておしゃべりをしていた。

13：25：	2人の利用者は口腔のケアとトイレをした。
13：35— 13：50	職員がテーブルの上に新聞紙を敷いたり、筆を用意したり、午後の習字の準備を利用者とおしゃべりしながらゆっくりしていた。
13：50— 15：00	午後の習字を始めた。
14：00— 14：18	1人の職員Bさんは利用者と一緒に座って、利用者用の連絡帳にいろいろ書き始めた。
14：18	午後のお風呂が始まり、1人の利用者がお風呂から上がってきた。職員Bさんはその利用者さんに水分補給をするためにお茶を出した。

　職員Bさんは利用者のそばに付き寄り、ゆっくりお茶飲みの手伝いを5分間以上かけて、ゆっくりしていた。

続表

14：53— 15：00	1人の職員は午後のおやつを準備していた。
15：00— 15：15	午後のおやつの時間。 「やわらかいね」、「やわらかい、おいしい」と言って、パクパク食べていた。
15：16	2人の利用者は隣にあるあやの里の竹南有料老人ホームに戻った。
15：55	最後の入浴者があがってきた。お茶を飲んで、休憩をしていた。 今日の午後は入浴の利用者が多かったらしい。
16：00— 16：15	利用者同士でおしゃべりしたり、職員とおしゃべりしたり、テレビを見たりゆっくりしていた。
ビデオカメラが遠いので、利用者の間で何が語られていたのかは分からないが、楽しそうな顔をしていた。	
16：07	利用者達を順番に家に送り始めた。
今日ショートステイの2人の利用者はテレビを見ながら、おしゃべりをしていた。	

　「あやの里」の職員は利用者に何か伝えたい時や話しかけた時に、利用者の手を握りながら話しをしていることに今回の調査で気付いた。それは、「あやの里」の介護サービスの特徴かもしれない。

表Ⅳ-11：二日目（6月20日）の活動内容

二日目（6月20日）の活動内容
利用者11名（男性2名、女性9名） 介護職員5名（男性2名、女性3名）、実習生1名、中学研修生2名
この日、近くの中学校の生徒10名を受け入れて、二日間にわたって、各事業部門ごとに中学生の職場体験プログラムを実施していた。このことから、あやの里は介護福祉教育にかかわる部分でも積極的に関与していることが分かった。

続表

午前中	
時間	サービス内容と会話
8：30	朝の申し送り。 職員5人全員が顔を合わせて、今日の注意事項などを確認していた。
8：40	3人の職員が送迎に出かけ、2人の職員が留守番でお風呂を準備したり、お茶を準備したり、椅子を並べたり、ホールに音楽を流したりしていた。
9：00	「あやの里」の竹南に入居している2人の利用者がデイサービスセンターに到着した。お茶を飲みながら休憩していた。
リビングに日本の昔の民謡のような音楽を流していた。	
9：10	他の利用者方々も続々と到着した。お茶を飲みながら休憩していた。職員達は「〇〇さん、おはようございます」、「お疲れ様でした」と利用者一人一人に声をかけて、体温と血圧をゆっくり測り、記録していた。利用者Hさんは「おはようございます。お世話になります」と言って、リビングに入った。
10：10	朝の担当職員は実習生に今日の流れを3分間もかけて詳しく説明していた。そして、利用者の方々の血圧を測っていた。
10：12	1人の職員が中学生に利用者のことについて説明をしていた。
10：13	1人の職員がコップとスプーンを使って、1人の利用者の水分補給を10分間もかけてゆっくりしていた。途中で、スムーズに飲めるようにあごの筋肉のマッサージをした。
職員のきめ細かなサービスに感動した。	
10：14	実習生は利用者にお茶を出して、職員と利用者とおしゃべりをしていた。

　その時、リビングに流した曲はケーキ屋さんで聴くようなおしゃれな洋風の曲であった。今日は、食事全介入が必要な利用者がないため、3つのテーブルを一列に並んで利用者全員がテーブルに座って、一緒に食べることができた。

続表

10：25	最後の利用者がデイサービスに到着した。
10：30	朝のレクレーションが始まった。 担当職員は今日の実習生、中学生研修生と筆者を利用者全員に紹介をした。 　職員：　皆さん、おはようございます。今日は6月の20日。6月の20日ですね。今日はいい日ですね。今日はなんかいいことがあればいいですね。 （カレンダーをチェックしながら言った） 　職員：今日はですね、実習生の皆さんもね、3人見えています。 　利用者：　いらっしゃいませ。 　職員：　中学生の方が2人と一般の方が1人です。 （皆拍手をした）
10：34	リハビリ体操をし始めた。 　ラジオリハビリ体操の音楽を流して、利用者方々は職員、実習生、中学生と一緒に体操をしていた。

　この体操は「通い処　愛和」が毎朝行っている体操と同じである。担当職員になぜこの体操を選んだかと聞いたところ、「ほかの施設や職員に教えてもらって、良いと思って使っている。」との答えがあった。各介護施設は閉鎖的に運営されているのではなく、施設の間で、情報交換をしていることが分かった。

10：43	タオルを使ってタオル体操をし始めた。 皆が水前寺清子の「三百六十五歩のマーチ」という歌を歌いながら、タオル体操をしていた。とても楽しそうに歌っていた。

　その時、朝のお風呂も始まった。職員は静かに利用者をお風呂場に誘導を行った。

10：45— 10：55	中国の民族衣装を披露した。 中国の内モンゴルの事を紹介して、内モンゴルの民族衣装を着て、利用者の方々と撮影会を行った。皆さん、とても喜んでいた。

11：00— 11：10	自己紹介とミニ中国語を教えた。 1から10までの中国語の数え方を教えた。また、中国語の普通な挨拶言葉「你好」、「謝謝」、「再見」の発音を教えた。利用者の何人かがとても積極的に参加していた。
	意外と利用者の方々は良く分かっており、はっきり言えることに驚いた。職員と利用者が拍手をしたり、笑ったり盛り上がった。
11：10— 11：17	風船を使ってバレボールみたいなゲームをしていた。
	3、4人の利用者が参加していたが、他の利用者が疲れていたのか、一昨日やったので気合が入っていないか、あまりわくわくした雰囲気にならなかった。担当職員はその時の空気を読んで、無理しないで、早く終わらせ、休憩タイムを取るようにした。職員の態度は臨機応変であった。
11：17— 11：20	職員は昼ごはん前の口の筋肉体操をして、中学生と実習生と一緒にテーブルを運んで一列に並んだ。
11：20	職員と実習生は利用者にお茶を出した。利用者はゆっくりお茶を飲みながら、実習生と中学生とおしゃべったり、トイレに行ったり、ソファで休憩したりをしていた。 　筆者も利用者達とおしゃべりをしたりしていた。 　利用者：　　私、86歳です。白髪がすごいでしょう？ 　筆者：　　きれいですよ。今はね、わざわざと白髪に染めるのよ、若者が。 　利用者：　　うはは（喜んで大笑いであった）。
	その時、三味線を弾きながら歌っている日本舞踊の歌を流した。
11：30	1人の利用者はエプロンを着て、職員、実習生と一緒におかずを皿に入れたり、並べたりして、昼ごはんの準備をし始めた。
11：43	もう1人の利用者はテーブルを拭いていた。
12：05	昼ごはんの時間。 職員は今日のおかずを紹介した。

続表

	今日は、食事の全介入が必要となる利用者は4人であったため、5人の職員は交代でマンツーマンで食事介護をしていた。いつもの通りにまず利用者の口あたりの筋肉のマッサージをしてから、おかずをゆっくり口に入れた。食事介護は1時間ぐらいかけていた。 職員の丁寧な食事介護をした結果、4人の利用者は8割以上食べ終わった。ほぼ完食であった。
12：40	食事の早い利用者はソファに移動して休憩したり、洗面台へ行って、口腔ケアをしたりしていた。
13：00	昼寝の習慣がある利用者さんは隣の部屋に行ってベッドの上に寝た。 昼寝をしない利用者達はソファに座って目をつぶって休憩したり、中学生とおしゃべりしたり、テレビを見たりしていた。 ゆっくりとした休憩時間であった。
13：35	1人の利用者は職員、中学生とおしゃべりしながら、食後の片づけを手伝っていた。
	職員は1人の利用者の足を低い椅子にかけた。その利用者は気持よく休憩できたようだ。職員の細かな気配りに感動した。
13：45	午後のお風呂が再開された。入浴希望の利用者は次々と入った。
14：05	3人の利用者がソファから上がって、一緒にタオルを畳んでいた。
	利用者はタオルを畳んでいる時の顔はとても穏やかで落ち着いた様子を調査したどの施設でも感じた。やはり、また少し体力がある利用者は普段家でやってきた家事が好きであった。
14：30	午後の7月の製作をし始めた。 職員は利用者の隣に座って、一日の流れや気付いた点などを連絡帳に記録をしていた。 2人の利用者は職員の隣に移動してきて、中学生達と一緒に製作をした。
14：44	食欲がなかった利用者Cさんは水分補給のため、まず、ヤクルトを飲み始めた。そして、お水をスプーンで最初に少しずつ職員の補助で口に入れた。その後、徐々にコップを使って自発的に水を飲み始めた。

	その時、職員はその利用者に声をかけながら、5分間以上かけてゆっくり水分補給の介護をしていた。その後、その利用者が皆の輪に入れるように、利用者のことを中学生に紹介したり、質問をしたりして盛り上がった。利用者も喜んでいた。
15：05	午後のおやつの時間。 昼寝をしていた利用者達も次々に起きて、皆と一緒にゆっくり食べた。
	利用者Cさんは職員の介護の下で、おやつをおいしそうに食べ終わった。
15：35— 15：50	1人の職員はハーモニカを出して、曲を流した。5人の利用者を次々を巻き込んで、楽しく歌を歌った。 　例えば、演歌の「星影のワルツ」、民謡の「ふるさと」などであった。とても落ち着いた雰囲気であった。
	途中に、皆が自らお水を飲んだり、職員の介護の下で何回の飲んだりしていた。
15：55	帰りの準備をし始めた。
16：00	利用者を2回分けて家に送った。

②　「あやの里」のグルーブホーム

　「あやの里」のグルーブホームは2ケ所ある。入口の左側の建物は第一グルーブホームで、内側にある総事務室と一緒になっている建物は第二グルーブホームと呼ばれている。今回、紹介したグルーブホームは総事務室と一緒になっている第一グルーブホームである。

　グルーブホームはデイサービスと比べて、全体的な動きは緩やかで、わが家のような雰囲気であった。

表Ⅳ-12：「あやの里」の7月2日の活動内容

7月2日の活動内容
利用者9名（男性0名、女性9名） 介護職員5名（男性0名、女性3名）、

続表

午前中の活動	
時間	サービス内容と会話
6：00	入居する利用者達は続々と起きた。 トイレに行ったり、歯磨きをしたり、お茶を飲んだり、ゆっくり動いていた。職員は「○○さん、おはようございます。」と声をかけて、利用者の手助けをしていた。
7：40	朝ごはんの時間。 起きている利用者はそれぞれテーブルに座って食べていたが、起きていない利用者は無理せずにそのまま寝ていたため、朝ごはんを別にとって置いた。
8：30— 10：00	朝のレクレーションの時間。 利用者全員は個別部屋に近い内側のミニ休憩スペースに移動し、朝のレクレーションをし始めた。 手、首、頭、足などを動かして、リハビリ体操をしたり、民謡などの歌いやすい歌を一緒に歌ったりしていた。その後、お茶を飲みながら、隣同士や職員といろいろおしゃべりをしていた。
利用者は歌を歌った時、とてもうれしそうな様子であった。今まで調査した施設の高齢者では、歌が上手な人とあまり声が出ない人はいるものの、歌を歌うことを嫌がっている人は一人も見かけなかった。むしろ、歌を歌っている高齢者達はとても生き生きとして、全体的に落ち着いている雰囲気である。それは、職員が高齢者のことを良く知り、好きそうな曲を選んでいた結果かもしれない。	
8：30	職員の朝礼時間。 グループホームメインリビングに、第一と第二のグループホームの職員達（朝のレクレーションの担当職員を除く）、事務室の職員達、今日の実習生3名、「あやの里」の代表と専務全員が集合し、朝礼を始めた。 まず、1人の職員は注意事項と今日の会議時間を確認した。 次に、グループホームの主任（昨夜夜勤をしていたが、疲れをほとんど感じさせない）と他の職員は利用者の状況の変化と注意事項を伝えた。また、事務の人が報告、連絡事項を伝えた。最後に、代表と専務が話をして、今日、新たに受け入れた実習生を皆に紹介した。 最後に、ラジオ体操を皆でしていた。

続表

	グループホームの主任は昨夜夜勤をしていたが、朝の朝礼にも参加して、その疲れをほとんど感じさせない。

| 10：30—11：00 | 利用者の休憩時間。
　朝のレクレーションが終わってから、利用者はグループホームのメインスベースに移動し、それぞれゆっくりトイレに行ったり、ソファに座って目を閉じて30分以上休憩したりしていた。
　また、担当職員は入浴をする利用者を次々と静かにお風呂へ誘導した。
　その時、筆者は利用者さんと20分以上ゆっくりおしゃべり出来る時間があった。1人の利用者Rさん（86歳）との会話の一部分は以下の通りであった。
　R：　あなた、中国のどの辺ですか?
　筆者：　蘇州です。上海の近く。
　R：　あ、あっちの方ですね。私は中国台湾、そこで生まれた。そしてね、中国台湾はほら、冬はなかったでしょう?
　筆者：　そうですね。
　R：　熊本に来てから、寒い寒いね、いやだった。
　　　　また、中国台湾に帰りたいんだけどね。
　筆者：　何歳の時に帰られたんですか。
　R：　小学校の2年生までにむこうにおったんですね。うん、で、あそこは寒いようなことがないでしょう。熊本に来てね、寒いでしょう、いやでね、帰りたいですけどね。だけん、中国台湾はあそこは良いところですね。中国台湾に行きたいと思うんですけど、もう、父が熊本との関係で来たのね。親戚は山口県にいますね。
　R：　中国台湾はよかった。果物がおいしいしね。（中国台湾の）家の庭にバナナ樹があったんでね、おいしかったんですよ。熊本では育たんでしょうか。寒いからね。暑いところが良いですよ。中学の時に、帰りたい、帰りたいとね、父に何回も言ったんでね、帰られなかったね。帰りたい。 |

	Rさんとの話の中で、「中国台湾生まれ」、「帰りたい」という言葉を何回も聞き、Rさんの中国台湾への恋しい気持ちを強く感じた。

続表

11：30	昼ごはんの準備をし始めた。 ソファに寝ていた利用者も起きて、皆と一緒に各テーブルに座って、おかずをお皿に分けたり、お盆を拭いたり、職員の見守りの下で、自力でお茶を入れたりしていた。
	利用者ができることをできるだけ自力でする方針は今回調査した各施設に共通しており、感動した。
12：00	昼ごはんの時間。 ほとんどの利用者は完食だった。食後にソファに座って休憩したり、トイレに行ったりしていた。
	食事介入介護がほとんど要らないため、1人の職員が利用者のそばにいた。他の職員は内側のミニ休憩スペースで持参の弁当を食べていた。昼ごはんの時間を含めた1時間の休憩を交代でとっていた。
13：00	食後の片づけ。 利用者は積極的に、職員と一緒に洗ったお皿、お碗、お箸、お盆などを全部きれいに拭いていた。
午後の活動	
14：00— 15：00	昼寝の時間。 職員はリビングを片づけて、敷きものを床に敷いたり、掛け物を取り出したり、昼寝の準備をしていた。 3人の利用者はスムーズに寝たが、1人の利用者は寝たがっていたが、躊躇した様子であった。その時、1人の職員は自ら先に横になってから、ゆっくり利用者を誘った。作戦成功であった。
	「あやの里」のグループホームはデイサービスと違って、昼寝の時間を重視している。職員は「代表はね、入居者の睡眠はとても重要だとおしゃって、昼寝の時間と質の確保に力を入れているのです。」と語ってくれた。確かに、昼寝の時間帯には職員の出入りを禁止し、外部からの訪問などを一切断っているようであった。 　また、昼寝をしない利用者もいる。昼寝しない利用者は職員と一緒にタオルを畳んだり、休憩したりして、静かにしていた。

続表

14：10	足のマッサージをゆっくりしていた。 2 人の職員は寝ている利用者の足マッサージをしていた。 職員は湿めらせたタオルを小袋に入れて、電子レンジで温かくチンして、利用者の足を包んだり、拭いたりしていた。そして、クリームを足につけて、ゆっくりマッサージをした。
	職員は「利用者は皆女性だし、足を常にやわらかくてきれいにしたいという希望がある。また、睡眠の質の向上にも効果があるから、ほぼ毎日やっている。」と語ってくれた。そして、そのやり方を教えてくださった。利用者のニーズによる細かなサービスに驚いた。
15：00	利用者は続々と起きて、トイレに行ったり、片づけたり、お茶を飲んだり、していた。
15：30— 16：10	七夕の飾りものを製作し始めた。 2 人の利用者はソファに座って、職員としゃべりながら、七夕の飾り物を作ったり、お願いすることを職員と一緒に考えて、職員に書かせたりしていた。 他の利用者はゆっくり休憩をしていた。
	利用者の集中力は弱いため、製作を長く続けられない。途中で1 人しか残っていなかった。しかし、職員は影響されずに最後まで利用者と一緒にやり終わった。
16：30— 17：00	2 人の実習生がグルーブホームに来て、利用者を回って30 分以上おしゃべりをしていた。
	その時、ソファに休憩していた利用者達は体力が十分についたみたいで、積極的に実習生に話かけたり、笑ったりしていた。
17：00	夜勤の職員1 人がグルーブホームに到着した。
17：30	夕ご飯の準備をゆっくりし始めた。
18：00	夕ご飯の時間。 今日の夜勤の職員が利用者に付き添って、見守っていた。
	筆者が利用者に挨拶をして帰る時、1 人の利用者は玄関まで見送ってくださった。感動的であった。

（3）「あやの里」の特徴

「あやの里」は介護事業を重視にするNPO法人であるため、「事業型NPO」に位置づけられる非営利組織とも言える。しかし、これは消極的なことではなく、むしろ積極的な意味をもつと考える。介護保険制度実施の翌年にいち早く設立され、10年以上の歳月を経たあやの里は、介護の専門性を模索し追求し続けてきた結果、自らの介護理念を創り上げてきた。そのために、多くの施設管理者が訪れ、職員研修の場にも介護サービスの手本にもなった。

「あやの里」の成功の秘訣を探るため、1か月以上実態調査を行った結果、一言では言えないほど多くの知見を得た。代表との色々な会話の中でこんな言葉が印象的であった。「成功しているとは言えないが、ただ、自分だったらどうするかということばかりを考えてきたので。それが成功につながったかもしれないね」と語ってくれた。代表の思やり精神そのものを素直に表していて感動的であった。そして、それはあやの里の介護理念の源とも言えるのではないだろうか。

しかし、これほど大きな組織とたくさんの利用者を支えてきたのは思やり精神だけでは不十分である。「あやの里」の職員と利用者を引きつける力はもう一つの重要な要素だと感じた。具体的な要素について以下のとおり述べていく。

①　一戸建てと中庭のこだわり

「あやの里」は3000m²以上の土地を使って、グループホームⅡと

デイサービスⅠを1つの建物に、グループホームⅠと事務局を1つの建物に、有料老人ホーム竹南を1つの建物に、ヘルパーステーションを1つの建物に、デイサービスⅡを1つの建物に、地域ふれあいホームを1つの建物に、合わせて6つの建物が建てられている。2階建ての有料老人ホーム竹南を除いて、すべて民家風の一戸建てである。それが代表のこだわりである。「年寄は皆若い時からずっと平屋で生活してきたので、自分の家とあまり変わらないような平屋の方が落ち着くと思って、特に、認知症の方は求めているのだろう。恥ずかしいから言わないだけで」と代表は語ってくれた。実際に、職員が介護している上で同じような感想があった。

　さらに、グループホームとデイサービスをそれぞれの建物に分けられることによって、それぞれの利用者のニーズやスピードに合った適切な介護サービスを互いに影響されず行うことができる有効なデザインだと考えられる。

　また、大きな庭がそれぞれの建物に囲まれるように配置されている。天気の良い日には利用者全員が中庭に集合して、日光浴をしたり、バーベキューをしたり、午後のお茶の休憩場にしたりして、とても落ち着いた居心地が良い庭である。実態調査を行っている時にも、中庭で様々な行事をやっているのをよく見かけた。皆が楽しそうで、生き生きした顔となる。この雰囲気のもとで、職員と利用者は一つになって、一つの家族のように見える。この大切な庭であるため、庭の手入れをする「花の日」という行事は毎月欠かさずに行われている。

　一戸建ての平屋と中庭、こういうような配置は、集中しすぎず、分散しすぎず、バランスを取った施設配置である。それが、利用者にとって居心地の良い、職員にとっても働きやすい場所づくりにつながっている。こういう場所を確保したからこそ、落ち着いた雰囲気の中で、職員の定着率が上がり、介護の専門性を追求できるのではないのかと感じた。

　②　認知症介護における専門性の追求

　「あやの里」の利用者はほとんど80歳以上、いわゆる後期高齢者であり、要介護は2から5まで、認知症を持っている利用者であるため、あやの里の介護サービスの重点は認知症予防を含めた認知症対応介護に置かれている。そして、認知症に対する経験豊かで、独自の見解を持っている代表はあやの里を設立した後も、認知症介護の専門性を追求し続けてきた。さらにそれを分かりやすく様々な研修会や認知症サポート養成講座などを通して認知症への認識、介護職員の教育を行ってきた。それは、「あやの里」の全体的な介護サービスの質の向上につながっていると思う。調査中に、実際に研修会に参加した。その一部の話は以下のとおりである。

　<利用者本位の介護とは>

　代表：　認知症の方は植物人間じゃないですよ。認知症の方はね、私達の気持をしっかりキャッチされている。ただ、それを言語的にうまく伝えることが出来ない、あなた行儀悪いよって言えない。そして、やっぱりお世話になっていますという年長さんの気持をいちいち言葉にできないということを知ってほしいなあと思いますね。

　代表：　子供扱いの声かけ、例えば、「お外に行きましょう、さあ、これから掃除

しましょう、お手手洗いましょう、お洋服を着替えましょうね」、（このような言葉）普通、自分のお母さんに言う？ 認知症があって、脳の病気もあって、点と点の中にいる。そういう方に普通の会話でも良いじゃないの？ 予防の意味でも。

　代表：　また、上からの目線。指揮者で、「今日は暑くないから外に出ますよ、自分でされたほうが良いですよ、やることはちゃんとやらないと出来なくなりますよ」と説教されているんですね。大人として、これまで、70年、80年、私が私らしく生きてきた、延長線上に自分が立っていて、心も体も何でも分かっているのに、脳の病で、段取がつかない、次に何かすればいいのか分からない、計画が立たない、実行判断できない、そういう人にそれだけ言ってことは心地よく響くかな？「お待たせいたしました。お天気がいいけど、お外に出られますか」、「私はお外に出てみようと思うんですけど、ご一緒にいかかがですか」というふうに言った方が気持ち良いじゃないですか。

＜介護職のプロ意識＞

　代表：　介護職員の間に私語があってはいけないんですね。例えば、「昨日夕ご飯なにかした、昨日テレビを見た、見た?」そういう私語があってはいけない。なぜならば、私達は介護のプロ。ここは利用者様の住まい。利用者様と契約した。利用者様の権利がある。大切な家族や大切な地域や友人や仲間やいろんな親戚と別れて、住いの地として、やっとここに辿り着いた。ですから、職員自らは、私達は他人様の家に今日一日お邪魔しますという気持ちを持って、終わりに失礼するという（気持ちが大事です）。ここのグループホームは彼女達の家、癒しの場所です。職員が土足でづかづかと入り込むところじゃないですよ。よその家に入って、（職員）お互いに私語をしたら、「あなたは一体私の家に何をしに来たの?」って思うんでしょう？ 8時間って拘束される時間は誠心誠意、真剣に、その方がその方らしく、自由に、安心して、自発的に、主体性を持って生きる場面、過ごす場面を作るために努力を惜しまないというのが私達職員の使命なんですね。

153

③　職員のことを思う気持

「あやの里」の代表は職員を厳しく指導する一方で、職員一人一人を利用者と同じくあやの里の家族みたいに大切している。代表と職員の間の深い絆を感じた。例えば、正月の餅つきの時に、代表と代表の家族の皆が作ったお餅を職員全員に配っていたり、また、残業している職員達に御寿司を取ったり、代表の手料理、おでん、カレー、お好みやきなどを作ったりしていた。

そして、「Re：報告です。代表、今日は本当にありがとございました。ご馳走様でした。ゆっくり休んでください！」というふうに、職員から代表に送った携帯のメールも発見したのである。

④　「あやの里」の地域密着性

「あやの里」は地域校区内の行事やふれあい事業や認知症対策講座に積極的に参加する。また、認知症サポート養成講座を通してあやの里のことを出来るだけ地域の方に知ってもらい、地域住民とふれあい、認知症の方を地域において皆で支え合いましょうという発信に努力をし続けている。詳細は次章に述べたいと思う。

（4）職員へのインタビュー

①　グループホームの主任補佐藤井氏の話

3年前から、「あやの里」のグループホームで勤めている藤井氏は介護職をしながら、主任補佐も担っている。藤井氏にインタビューをした話は以下の通りである。

<目からうろこ>

筆者：　どのぐらい「あやの里」に勤められていたんですか。

藤井：　「あやの里」に来て、3年経ったところです。

筆者：　この前に、どこかで勤めていらっしゃっていたんですか。

藤井：　ここに来る前に、病院で介護をしていたんです。だから、病院の仕事の感覚しかなかったので、ここに来た時に、ほんとに、目からうろこで、びっくりしました。

筆者：　そうですか。それはなぜですか。

藤井：　病院では結構業務中心に動くのです。患者さんに治療をしてからも、身体介護をしたり、お風呂に入ったり、寝たきりの患者さんにおむつを交換したりしていたんですが、現場はやはり業務中心になるんです。例えば、時間で点滴しないといけない、注射をしないといけない、おむつ交換をしないといけない、身体介護をしないといけない、いろんなことがあって、現場ではジャンジャン動くんですね。そうしたら、看護士も介護士も、皆がいろんな理想をもってい

ても、時間的に追われてしまいます。例えば、患者さんはナースコールを押して、笑顔で「どうされましたか」と聞かれたら、「背中が痛いです」とか「トイレに行きたいです」とかの要求を言いやすいんですね。しかし、（看護士が）ものすごく忙しい時に、同じ「どうされましたか」という言葉を早口で固く言われてしまったら、患者さんはほんとに用事があるのに、「ナースコールに当たってしまいました」、「間違って押してしましました」というふうに言ってしまいますね。でも、どんな時でも患者の事を一生懸命思っている看護士もいるんです。ナースコールで呼び出して、行って聞いたら、患者さんは「ああ、もう、4回目です。あなたを来るのを待っていたんです」、「トイレに行きたいです。一緒に行ってもらいますか」と言い出せるんですね。

また、病院には認知症の方も入院していたので、さらに大変です。ナースコール

を持たせてはいるんですけど、コンセントを抜いているとか、そういう現状ですね。だから、まだ10年以上前の話なんですけど、車椅子を、両方前と後で二つ引いて通過したり、さっと、さっと引いたり。ゆっくりしていたら、業務が終わらないよって、そういう感じなんです。

　　筆者：　そうですか。

　　藤井：　そうなんですよ。そして、ここに来た時に、代表は利用者の皆さんのスピードに合わせて待つこと、皆さんが自由に利用されるように待つことというふうに言われていた。以前、病院で車椅子の患者さんの介護もしていたので、その経験で自分はゆっくり動かしたつもりだったんですが、主任はもうちょっとゆっくりゆっくりと言われました。「これでももっとゆっくりなんだ、はぁ～」と思って、ほんとにびっくりしました。やはり、病院での仕事の感覚に染みついてしまって、なかなか取れなかったんですよ。だから、ここの仕事は今まで経験したことと全然違ったので、とても勉強になりました。

<幸せを感じます>

　　筆者：　そうですか。そういう介護の世界もあるんだって感じですね。

　　藤井：　そうですよ。利用者、本人は凄い表情が出るじゃないですか、どうしたら良いのか分からないという不安になったりするので、その時に、それぞれの利用者の好みに沿って、一緒に散策したり、一緒に付いて話たり、笑顔で話をしたりしていると、利用者から「ありがとう」と言われるんです。その時に、私達はこの介護の仕事をしていて、幸せを感じますね。だから、病院ではストレスを凄く抱えていたのですが、ここでは全く感じないです。

　　例えば、田中さん（仮名）からよく「めんたち、めんたち」って言われるんです。「めんたちって何ですか」と聞いたら、「ありがとう、ありがとう、ここに来て良かった。私は幸せです」と言われるんですよ。夜の時でも、「お休みなさい。こう寄って寝れるって幸せ」と言われたりして、それを聞いて、私達もほんとに嬉し

かったんですね。また、伊田さん（仮名）は「恵美子はとても幸せですよ、神様に感謝いたします」というふうに好きな曲の歌詞を換えて、歌いながら寝るんです。伊田さんの歌を聞くと、涙が出るぐらい嬉しいですね。だから、病院と違って、ここでは、そういう言葉を一杯もらえるんですね。それこそが私達の楽しみ、喜びのもとです。

筆者：　だからある意味で、介護はとても得ることが多い仕事ですね。

藤井：　そうですよ。病院での介護をしていた時にも、患者さんの家族から、「はあ、家族でも出来ないことをされるんだ」とかの感謝の言葉を言われたり、凄く感心されたりするのですね。また、こういう仕事をし始めて、学んだことを母にも役立っているんですよ。「この仕事をして、良かった、嬉しい、安心した」とよく母から言われるんです。

<グループホームの特徴>

筆者：　ここでお仕事をしてほんとに良かったですね。

藤井：　ここは、代表が言われるように、皆同じように世話をしましょう。つまり、この人は全部してくれるけど、この人は全然世話してくれないとか、やり方が違ったりして、差があったらいけない、皆が同じように支援しましょうということですね。だから、この理念も、今まで経験したところと全然違います。ここはグループホームを開放したり、グループホームで会議を開いたり、皆で情報を共有していたりしているのです。それによって、皆は同じような喜びをもらえますし、元気をもらえますね。

筆者：　とても印象に残ったことはありますか。

藤井：　私は一番嬉しいと思う時は、利用者同士で、お互いにいろいろとお世話をしたり、手助けをしたりしているのを見ている時、とても幸せを感じるんですね。利用者同士の励まし言葉とか、職員が利用者に手を取られていた時に隣の利用者は杖を持って助けてくれたり、「大丈夫よ」とか言って、また、「もうちょっと食べんと

157

力が付かないよ」とか言って、互いに支え合いしたりするのです。そういうのを見ていると、ほんとに皆が一家族って感じます。

<ストレスを感じない>

筆者：　そうですね。ここでお仕事をしていて、ストレスを感じたことがありますか。

藤井：　ストレスは感じないですね。例えば、勉強会で皆の前にいろいろと発表したり教えたりすると、緊張になってストレスになるかもしれないですが、利用者の皆さんと一緒にいて、仕事をする時にはストレスがないんです。今まで、病院での仕事のストレスがあったんですよ。でも、ここに来てから、母から受け継いだリューマチ（関節が腫れる病気）が治ったんです。私は、病院で働いていた時に発症して、歩けなくなるほど凄い悪くなった時期があったんですね。でも、ここで来て、一年か一年半の後に、治ったんです。とても感動です。薬を全然飲んでないし、病院にも行ってないし。今でも発症していないので、治ったんです。すごいでしょう。びっくりです。たぶん、皆さんからたくさんパワーをもらっているじゃないのかと思うのですね。

②　デイサービスの主任川野氏の話

<「あやの里」に就職をしたきっかけ>

筆者：　川野主任は以前病院の看護師長として働いておられたことを聞きましたが、ここに来られるきっかけはありますか。

川野：　それが不思議な縁でね。私が病院の中でけっこう長い間、勤務していたんですね。病院での訪問看護とケアマネージャーをしていたんです。結婚する前には大分の国立病院に勤めていたんですけれども、結婚の後、他の私立病院に勤めていて、合わせて15年間看護の仕事をしていたんです。最初は生活の足しぐらいでパートをやっていたんです。介護保険制度が始まって、たまたまその病院は訪問看護部を設立し、私もケアマネージャーの資格を取っていたので、施設長としてケア

マネージャープラス訪問看護をやっていたんですね。でも、ちょっと理事長との方向性が違うとかがあって、そろそろ辞めようかなと思っていた時に、利用者（認知症の方）が「辞めたらどうしようか」とかちょっとショックを受けていたので、「この人だけはどこかで面倒を見て上げないと私はやめられないなぁ」と思って、施設をいろいろ探して、最終的に「あやの里」に辿り着いたんです。その利用者は今でも「あやの里」に入居されているんですよ。

　そういう経過があって、一回休んでほかの事をしてみようとか、また、病院で医療関係ばかりやっていたので、そういう仕事が好きだから、辞めた後でも、介護相談員とかでも良いかなとかを考えていた時期に、ここの代表（岡元氏）から「ここに来ませんか」って誘いがあったんですね。やったことがなかったんだけど、どうしょうかなと考えながら、チャレンジ精神でね、そういうきっかけで、私は、この認知症の世界に入り込んだのです。まさか、認知症の世界でそういう仕事をすることを予想もしてなかったんですけど。これも縁ですね。

　<「あやの里」に就職をしたきっかけ>

　筆者：　　そうですか。実際来られてやはり良かったのですか。

　川野：　　そうですね。ケアマネージャーをしている時にも認知症の方がいらっしゃって、いろいろなことを話したり、いろんな支援をしていたんだけど、やっぱし、単発で行くから、そんなに長く置かないところがあるので、利用者の一日の流れや生活習慣などは分からないもんですね。ここデイサービスにいるとね、利用者さんの夜の事も、昼の事も、家族の悩みとかも、また、本人がどういう人たちであろうとか、ここ来て生き生きした様子だがお家に帰ったら何もしないとか、そういうのが全部分かってくるんです。だから、今まで目に見えないことが見えてきて、勉強になっています。

　認知症の人達は奥が深いですよ。生活とか、性格とか、特徴とか、皆さんそれぞれが違うからね。例えば、一般的な人は一般なデイに行けば、自分達が自制して感

情が抑えられるので、「じゃあこうしましょう」って言われたら、皆が入って、「私はいやよ、私はここが良いよ」と言われんでしょう。皆で同じことが出来る。しかし、認知症の方は、自分が楽しくなかったら絶対参加しないので、それをうまく職員の方がサポートしないといけない。居心地が良かったら、楽しめるし、いやだったら、即いやって、辞めってしまうんですね。そういうような直接的な表現になるんです。でも、後がないですね。利用者の間に言い争うことがたまにあるだけと、10 分も経たずに、大体忘れている。認知症の人達はとても素直だから、私達は救われている（笑）。

<臨機応変>

　　川野：　　一般のデイでは利用者さんのために、いかに楽しく過ごせるのかを職員が考えて、いろんなプログラムを組んで、皆が大体それに付いていくんですね。でも、認知症の方は、そこのところではなかなか難しいです。だから、ここの職員達は一生懸命、認知症の人達のことを深くまで知ろうとしているんです。この人が今、ちょっと機嫌が悪いので、プログラムの内容を少し変えてみようとか、今日はこういう雰囲気だから、これで行こうとか、その時、その場で決めないといけないことが時々ある。

　　筆者：　　臨機応変ですね。

　　川野：　　そうです。臨機応変です。マニュアル通りにいかないのが多い（笑い）。

<「あやの里」の地域性>

　　筆者：　　「あやの里」はNPO 法人ですから、職員達はNPOについて何か考えたことがありますか。

　　川野：　　それはあまりありません（笑）。だけと、やっぱし、自分達で何か創り上げていかないといけないというのがあるんですね。いろんな行事にしろ、草取りにしろ、「あやの全大会」にしろ、すべて自分達で工夫して、自分達でやっていこうという考えを持っているのです。そして、地域に住んでいる人に手出して助け合って

いる。地域に浸透しないといけないから、いつでも自由にお出でくださいませって、一住民の中でやっていますとかという気持ちを持っている。

　筆者：　地域の住民も少しつつ分かってくださっているんですか。

　川野：　そうですね。分かっていると思います。それだけ、認知症を地域で支え合いましょうと言われるでしょう。私の聞いたかぎり、ここが設立されたばかりの時に（11年前の時）、「痴呆とか、ボケとかがあっても、あまり周りの人に知られたくない、変に見られたくないから、この地域の方がここに入りたくない、ちょっと遠いところに入るようにしていた」そういう時期があったんですが、今は、少しつつ変わっていると思います。そして、利用者本人は「私がまだ元気だし、あそこに入りたくないわ」と言っているかもしれないが、実際、あやの里に入ってみたら、全然良いところじゃないのかと思ったりする時もある。

<職員から見た「あやの里」の特徴>
　筆者：　川野主任から見て「あやの里」の特徴は何だと思われますか。

　川野：　やっぱり、地域を目指していて、視線が多いことですね。ここの仲間が。例えば、他のところでは、何階建てのアパートを建てて、建物の中にデイとかの施設が入っているんですね。でも、ここは、全部、普通の民家みたいに一戸建て、一階建てでしょう。そして、中にお庭が囲まれているので、自然の環境に恵まれている。人間って、自然の中に居ると自分自身は安定してくるじゃないかと思うんですね。だから、ここは閉鎖されていないので、利用者にとって一番安心できるところじゃないかと思うんですね。

　そして、中庭があって、ちょっと花植えをしようかとか、自然の四季を楽しめることができるのですよ。2月の時に梅の花や4月の時に桜の花などが咲いている時に、皆が「きれいね、ここが良かね」とかよく言われるんですね。自然を楽しめるということは、他のところではなかなかないかもしれないですね。

　そして、外出も時々しますね。月に1回か2回ぐらいに、バラ見学に行ったり、コ

スモス見学に行ったり、紫陽花を見学に行ったりするのです。それでね、皆様が楽しみにされていて、「今日は良かった」とかでね、正月の時に熊本城にも2回ほど行きました。凄く喜ばれるんです。また、気候が良い時期に、近くの公園へ散歩に行きますね。

（5）「あやの里」の代表岡元氏の話

<「あやの里」の特徴>

筆者：　「あやの里」の特徴は何ですか。

代表：2011年に一つの古民家を改修して、7月に地域ふれあいホームとしてオープンしましたね。寝泊まりもできて、母親と子供たちのふれあい活動もできる。地域住民との交流も少しずつ進んでいる。これはウチの法人の特徴かな。NPO法人だから、仮にやめたとしても、物と土地は返ってくるから、良いと思って。

<「あやの里」の多機能性>

代表：　市民や行政も今後、多機能性を求められる。今年、そのニーズに対応して、ショートステイプログラムを入れたんですね。今まで、24時間の住まいとしてグループホームでしたが、これからは地域に出て、出回っていく、ということが法人に与えられた課題ですね。だから、ウチのスタッフは、今までは、施設内の仕事をすればよかったのに、これからは8時間の勤務時間内に、地域の住民がちょっと困ったりとか、緊急用事コールがあれば、すぐウチからどんと派遣するようにしている。ウチのデイサービスの登録者、利用者じゃなくでも、緊急に対応していく。それを24時間対応しなければならないですね。しかし、報酬は少ないんですよ。また、利用システムが複雑に、書類もそれだけ煩雑になっているので、時間がかかっちゃいます。それが問題点ですね。でも、これからは、施設の多機能性はとても重要になってくるんです。国会やいろんな新聞とかね、遅ればせながら、やっと重い腰をあげて着いてきたなあと思う。介護保険制度の財源が厳しいという状況ですので、頑張らなくちゃあと思うんですね（笑）。

　でも、ここには一番の問題は、職員のフォーマルからインフォーマルに切り替えが難しいこと。それに対する職員のストレスケアが不足ですね。3年サイクルで介護保険法が変わったりするんですけど、結構、私がしたことを後押ししてくるような感じですね。

<認知症サポータ養成講座>

　代表：　今から、ベビーブームの人が高齢者に入り始めるでしょう。高齢者は自分自身のことをまだ分かっていない、考えていない部分もあるしね。病気になったらいやだわ、ぼけちゃったらいやだわとか、と思っても、今日のおかず何にしようと考える日常からは認知症の話はまだ遠い処にあるようですね。だけと、いざとなると、自分自身や家族にとっては大変な世界に飛び込んで行く。

　今や、ガンとか、脳梗塞とかを認識してますが、認知症に対してはまだですね。後の話より今が大事という人は危機感を持ってない。だけと、年を取って70、80歳になって必ず出てくるよと呼びかけるのよ、だから、認知症対策は普通の会話としてね、普通の会話に入れ込んでいく。家庭の中に、「今日、頭の調子はどう？　午前中に分かったけど、午後はちょっとぼんやりしてるの？　なかなかぼけちゃったね」という話だからね、それは普通の「今日、お腹の調子はどう？」という会話ができるようなことが大事ですね。

　去年から今年かけて、認知症サポータ養成講座を開いて、えらいことになって、150人ぐらい参加してきましたね。うちの看護師さんや介護さんを入れて、サポータ講座をしていく。

　地域密着型はイコール認知症対策と思うんですね。認知症に絞るならば、ガンとか、脳梗塞とかよりも地域で孤立された人や、潜在的な人が多いですね。地域の健康を取り戻すためにもなるしね、そういう意味では画期的な活動ですね。

　「あやの里」は国や行政の困っているところを理解し、助け合い、支援していく気持ちが他の法人より大きいと感じる。そして、介護保険制度の改正策に対して、

順調に対応していると感じる。現場で利用者のニーズをよく知っているため、法律の専門家ではなくでも、法律の改正方向を感じ取って、早めの準備を整えているのではないだろうかと思う。

　そして、行政との協働についての考えを聞いた時に、「行政が引っ張ってくれると、お金もくれる割にいろんな縛りも出てくるので、利用者側とすると自由に自分に合ったこととか、いろいろ制約されてしまう気がするね」と岡元氏は語ってくれた。

3. 特定非営利活動法人　「おーさぁ―健軍くらしささえ愛工房」　の活動内容

　（1）特定非営利活動法人「おーさぁ―健軍くらしささえ愛工房」の活動と組織概要

　「特定非営利活動法人 NPO おーさぁ」は2005 年にスタートし、今年 6 年目を迎えた（以下、「おーさぁ」と呼ぶ）。介護サービスを行っている事業所の名称は「健軍くらしささえ愛工房」という。「おーさぁ」の活動で一番注目を集めている点は高齢者の福祉・介護サービスを柔軟に行うだけではなく、子育て支援から、若者就職サポート、地域商店街の振興まで、という地域共生に力を入れていることである。

　熊本県が一番古い県営住宅団地の一棟の一階部分をバリアフリー改装して、「おーさぁ」に貸し出している。介護サービス事業と地域支援事業をこのワンフロアーにすべて収めているため、地域の方々により馴染みやすく、利用しやすくなっている。

　まず、高齢者福祉サービス部分については、「おーさぁ」における介護事業所「健軍くらしささえ愛工房」は、熊本市の健軍地域のために、主に、高齢者介護サービス、ホームヘルパー派遣の居宅介護支援事業、障害者の生活支援事業など、周辺住民の要望に応じて様々な活動を行っている。

　小規模多機能居宅事業者として認知症高齢者の居宅と通所デイサービスといった制度に乗ったサービスの提供はもちろん、障害者が利用できる日中一時支援サービスも実施している。小規模多機能は宿泊とデイサービスの利用と障害者利用、合わせて、平均一日30名になり、常に満員状態である。これは、利用者のこだわりやニーズには出来る限り細かく、丁寧に向き合った結果であろう。例えば、「もう帰る」といってドアから出てしまった認知症の利用者と一緒に、健軍商店街を歩き回り、買ってきた惣菜を喫茶コーナーで食べる。また、車好きの利用者を乗せてドライブに出かけるなど、利用者の生活スタイル、趣味に合わせてマンツーマンで対応している。

　そして、開所以来、今も配食サービスを提供し続けている。ピークの時期に一日80食ぐらいの量で提供していたが、営利団体やコンビニンエンスストアなどの参入によって、一時減少していた。しかし、やわらかめなご飯やお粥にしたり、繊維がある野菜を多めに入れたりして欲しい人やアレルギーや糖尿病の高齢者や患者さんが地域にたくさんいるため、「NPO法人おーさぁ」はそのニーズに対応して、一人一人の利用者の状況に応じて弁当を作り続けている。その結果、「おーさぁ」の配食で助かっている利用者がたくさんいて、

人気の事業となっている。今なお、平均一日 30 食程度を提供している。それは、営利団体やコンビニンエンスストアなどの企業がとても対応できない細かな配慮を要する部分であるし、在宅サービスの推進の意味でも継続してほしい部分である。

　「おーさぁ」は「ともに創る地域共生くまもと」という理念をもとに、高齢者福祉サービスだけではなく、子供から高齢者まで、障害の有無にかかわらず、地域活性化のために、地域縁がわ事業に力を入れている。長年の経験を積み重ねるにつれて、市内の他のところの地域づくりや県外のまちづくりなどの支援活動も継続的に行っている。このことは他の高齢者福祉 NPO 法人と違い、「おーさぁ」の特徴とも言えるのである。

　「おーさぁ」の理事長は精神科医で病院の理事長を務める他、有名な社会福祉法人の理事長でもあり。所長は元社会福祉協議会の経験豊かで、優秀なリーダーであるため、「NPO 法人おーさぁ」はこまで発展してきた。多くの県外の他のNPO 法人や地域福祉関係機関のモデルとなっている。理事長、所長を始め、職員全員に地域福祉に対する熱意と強い組織運営力がないかぎりうまくいかない。そのような地域に対する愛着心と組織運営力（集結力）こそはNPOのミッションを実現させる最大のポイントではないだろうか。

　次に「おーさぁ」の組織概要について、以下のとおりに示すことにする。

表Ⅳ-13：「おーさぁ」のプロフィール

組織名	特定非営利活動 NPO 法人おーさぁ	
活動地域	熊本市健軍を中心に、その周辺地域	
サービス内容	小規模多機能事業、小規模通所デイサービスセンター、障害者介護支援（日中一時支援 B 型事業	
介護保険枠外のボランティア活動	子育て支援、地域振興事業、地域ふれあい活動、地域交流会の開催、縁がわで学ぶ講座教室の開催、障害児の学童保育事業、DVの短期保護事業	
対象者	要支援者、要介護者、地域住民	
会員数	福祉サービス利用者数：30 人 職員会員数：45 人	
事業内容	利用人数	スタッフ数
通所デイサービスセンター	12 人	15 人
日中一時支援（障害者対象）	8 人	5 人
小規模多機能居宅介護	9 人	25 人
スタッフの内訳		人数
社会福祉士		4 人
介護福祉士		8 人
介護支援専門員（ケアマネージャー）		3 人
看護士		2 人
社会福祉主事		1 人
保健福祉士		4 人
スタッフの内訳		人数
臨床心理士		1 人
ヘルパー 2 級の介護職員（兼務含む）		10 人
ヘルパー 1 級介護職員		5 人
保育士・幼稚園教諭		8 人

続表

配食スタッフ（調理士を含む）	5人
喫茶スタッフ	5人
就労支援コーディネーター	7人

出典：訪問調査の質問票に基づき筆者作成

＊複数の資格を所有しているスタッフがいるため、スタッフの累計数は職員数より多くなる。

（2）「おーさぁ」の介護事業

NPO 法人「おーさぁ」は「介護部門」と「地域縁がわ部門」との二本柱を立てて事業を展開している。

「おーさぁ」の介護事業は主に小規模多機能居宅介護サービスを中心にデイサービスや障害者日中一時支援などのサービスを行っている。その特徴について、以下の3点をあげることにした。

①　建物の特徴

「おーさぁ」の介護部門と地域縁がわ事業の一部分と事務局が一つのフロアに入っているため、介護利用者にとって、静かさと賑やかさ両方を求めることができるとても使いやすい場所となっている。

介護部門は建物の内側に設置されているため、利用者は外側に影響されず静かな環境のもとで安心しておられる。ただ、子育て支援コーナーや喫茶コーナーや事務局とは一つのフロアにつながっているため、自由に出入りすることができる。気分転換で外の道を見ることが可能な喫茶コーナーで休憩することができるし、子供の顔を見たくなったら、裏ドア一つ開けて、すぐ子育て支援コーナーに入られる。そして、健軍商店街のそばに建てられているため、昼寝を

しない利用者達は商店街に出かけて、ちょっとした買い物でも散策でもできる。調査の日に、ほぼ毎日、昼間に商店街に出かけていた利用者は3人以上いた。もちろん、施設の職員がマンツーマンで利用者に付き添って外出している。

②　障害者日中支援サービスの提供

「おーさぁ」は他のところがしていない障害者日中支援を実施しているため、デイサービスには障害者も一緒に入っている。今回調査の日に毎日2、3人障害者を見かけた。平均年齢は30歳前後、ほとんど車いすである。他のデイサービス利用者と一緒に通って、朝のリクリエーションをしたり、ご飯を食べたり、製作や自分の趣味を楽しんだりしていた。障害者の皆さんは明るくて積極的に話かけてきた。筆者の事を聞いたり、自分の言いたいことを一生懸命伝えていたり、コミュニケーションは旺盛であった。また、手紙とハガキを書くのが好きな20代の方がいる。その方は介護職員の指導で友達に沢山の手紙とハガキを書いてきた。ハガキに描いた絵を筆者にも見せて、とても満足そうであった。

③　生活を楽しもう

一番印象的なことは職員が自発的に、おーさぁの家庭農園で好みのハーブを植えていること。そして、今回の調査の日に職員の手作りのハーブティを頂いた。とてもおいしかった。「ハーブが好きで、あそこにちょっと植えているんです。時々利用者さんにも飲んでもらっている」と語ってくれた。

普通の会社の場合や一般的な仕事概念では、仕事の時間で私的な

ことをやることに対して批判的である。しかし、おーさぁでは、又は、介護という分野では、むしろ積極的に評価しないといけないと考える。職員が好みのハーブティを手作りするという生活に対しての向上心、ハッピーな気持は利用者にも良い影響を与えているし、利用者の生活を支え、利用者と共に生きていくという意味で、利用者と一緒に生活そのものを楽しむことはとても重要ではないのかと思う。これこそ心のケア、質のある介護サービスだと教えられた。

　実際、「あやの里」の職員もこういうことに気付き、新人支援会で生活を楽しむという言葉を言い出した。あやの里はそれに沿って、生活を楽しもうというプロジェクトを立ちあげ、実行に移したようである。しかし、なかなかすぐには広がらないようである。問題点はなぜ必要なのか、なぜやらないといけないのかを説明しきれないことである。介護を楽しもうと言ったら職員の心に響くかもしれないと考える。

（3）「おーさぁ」の地域縁がわ事業

　「おーさぁ」が行っている地域縁がわ事業内容については、主に以下の通りである（表Ⅳ-14 参照）。

表Ⅳ-14：「おーさぁ」の地域縁がわ事業の主な内容

地域縁がわ事業	主な内容
子育ての支援事業	プレイルームの整備によって、子供遊びの場、親子情報交流の場、保育や預かりなどのできる場を提供している。

地域縁がわ事業	主な内容
健軍商店街の地域の縁がわ事業	商店街の3つの空き店舗を利用して、「若者サポートステーション」、「みんなのよりあい処ふらっと」、「健軍ぐんぐん市場」の事業を行っている。
地域ふれあい活動	商店街でのバザー、餅つき、七夕祭り、秋祭り、クリスマスなどの季節ごとの様々な行事を主催したり、施設内にある喫茶コーナーを地域交流の場を提供したりしている。
地域交流会の開催	平成21年度の「地域の縁がわづくり」についての講演、保育士による子育て支援セミナーの開催を例をとしてあげられる。
縁がわで学ぶ講座の開催	「みんなのよりあい処ふらっと」で、「絵手紙教室」、「おせち料理講座」、「地域の歴史と民話を知ろう」、「音楽の力でこころのバリアフリーを図る」等々、たくさんの講座を開催している。

出典：筆者作成

　「おーさぁ」の地域縁がわ事業は「熊本モデル」として、熊本日日新聞、西日本新聞などに取り上げられて、全国からの注目が寄せられている。例えば、平成22年3月8日の熊本日日新聞では「地域のつながり再生へ『縁がわ』」というタイトルで、また、平成22年8月7月の西日本新聞では「お年寄りに優しい商店街へ」というタイトルで取り上げている。

（4）職員へのインタビュー

　行った時間は午後6時である。ほとんどのデイサービスの利用者が帰った後の時に行った。

<「おーさぁ」の理念に対する職員の捉え方>

筆者：　「おーさぁ」はNPO法人ですので、「おーさぁ」の理念に関して、どう考えていらっしゃるのですか。介護部門の理念と「地域縁がわ事業」の理念は一緒ですか。

職員A（看護師）：　理念ですね。逆に、こちらは聞きたいんですよ。たぶん、ニーズに合わせてという気持ちでされていると思うんですけど、難しいでしょう。

職員B（元看護師とケアマネージャー）：　非営利、NPOというけど、そこのバランスをよく取るのが良いだろうと思うんだけど、一つの事業として、金銭のことを考えないばかりでは成り立たないでしょう。だから、全く非営利団体がほんとに非営利なことをやっているかどうかは疑問ではあるんですね。精神はそうかもしれない、気持ちはそうかもしれないけど、そればかりでは回っていかないでしょうし、人を雇えないでしょうし、そういうところにジレンマがあるんじゃないですか。

職員B：　デイサービスの管理者であるここの主任に理念のことを聞いてみて。彼らが理念を持っているかどうかは私達興味を持っているから。なんでここをこういうふうに仕切っているのか、どういう考えをお持ちなのか。私達も聞きたいんですね。

職員A：　だけんね。「おーさぁ」の全体の理念は分かっているつもりです。地域に密着して、子育てとか、こっちの老人とか、いろんな地域との交流とかそういうところに根を張る。それは分かる。だけど、介護部門は、実際の介護となるとどうだろうかという感じですね。ちゃんとした理念とか、介護に合っている理念とか、というところはどうかなあと思うんですね。今の理念からすると、ゆっくり仕事をしていることかなぁっていう感じです。

<職員から見た問題点は何か>

職員A：　いろいろこうしたい、ああしたいという利用者さんの要求やニーズなどに何でも合わせて、一生懸命してあげる人がいるんだけど、しかし、すべてそれ

をしてあげるのは本人にとってほんとに良いかどうか、という問題があるんですよね。私達ナースという立場だから、そこのところで、それを全部してあげることがほんとに良いのかどうかと疑問を持っています。

　筆者：　そうですか。それは利用者本人の自立性に影響を与えてしまうかもしれないですか。

　職員B：　そう、そうです。

　職員A：　そこに良くバランスを見ながら、時々、やっぱり方向転換とか、見方とかそういうところを変えながら、その人にとって、一番良い利用の仕方とかを考えなければならないし、してあげないといけない。ここはデイサービスだから、楽しくて、リフレッシュしに来る場所ですので、利用者は一人一人違うんだけど、駄目なことはだめと言いながらも、気持ち良くちゃんと入って過ごしてもらわないといけない。

　職員B：　しかしですね。介護保険制度が出来てから、7、8年ぐらいの間には、まだ、手探りでやっている部分は多いんですよね。「ウチはこんなもんです。こうなっています」というようなものを自信を持って言える段階ではない状態ですね。良い方向に、皆が好きなように、「こうじゃないか、ああじゃないか」というぐらいで意見を言い合って、上の人もそれを聞きながら、自分の道を探しているみたいなところがあると思うんですね。介護保険制度は出来上がって、まだ10年しか経ってないので、完璧なものではないでしょう。5年ごとに見直ししていますからね。

　職員B：　ここに来られている対象者の方も介護保険を利用して来られている方もおられるし、障害福祉を利用して来られている障害の方もおられる。今日も車椅子で何人かの利用者が来ていたでしょう。だから、高齢福祉の人と障害福祉の人と混ざっている。本来は対象者によって施設が別々になっているところが多いと思うんですけど、ここはそれが良いか悪いか分からない。ごちゃまぜ、ちゃんぽん状態でね。でも、良いところもあると思うんですよ。他のところでは受けられない人達は

ここに入ってこられるから。

　また、さき言ったように、年齢層がバラバラという問題もあるんですよ。例えば、障害者の方は「私は若いから」と思って、自分勝手に、老人さんと分けてしまう場合もあるんです。「私達は若いのよ、お年寄りと一緒に扱わないでよ」ということを気分的に、気持的に思うんでしょう。それは言葉かけ一つにでも違うでしょう。そして、そういう気持ちがあれば、今度、一緒にしたらメリットがある時もあるんでしょう。それがうまくかみあわないとごちゃごちゃになってしまって、あちらこちらからトラブルが出てきます。それをうまくなだめすかしているのがここのスタッフの役割みたいなところがあるんです。

　<職員から見た介護の望ましい姿>

　職員Ｂ：　介護保険の対象者だけをやるという施設ならばやりやすいと思います。ただ、ここはそれが出来ないでしょう。皆を受け入れているわけなので、線を引くのが難しい、いろいろと入り組んでいるだから。そうなると、中におる利用者も混乱するし、そこまできちんと認めるまでには時間がかかるかもしれませんよね。ただ、どこでも受け入れてくれない人でも入って来ても良いんだよというような施設があった方が、社会的には良い役割になるんじゃないですか。だから、この考え方（「おーさぁ」の考え方）があった方が良いんですね。なぜなら、制度の仕組みが出来上がっても、そこから溢れる人が出て来るんですね。介護難民という人達はあまり増えて来てもおかしいでしょう。ある程度に平等にならないとおかしいですよね。この人達を受け入れて、この人達を受け入れないということがおかしいよね。

　介護保険制度の仕組みとしては、利用者が自ら申請して認定されるんです。無理やりに認定するものじゃないんですよね。だから、本人達の希望がなければ申請は出来ない。それで良いのかという疑問があるでしょう。ほんとはそれで良いのかどうか、分からないです。介護保険制度自体が手探り状況の中で、それをカバーする施設もまだ手探りです。「ウチはこういう特徴にしてます、ウチはこういうところを

特徴にしてます」というところが一杯出来てこないと、切磋琢磨ができないじゃないですか。競争がなければいけないんです。

　ところで、国が作った施設が一つあって、そこで全部してしまうでいうのは出来れば理想なんだけど、実際には、全部出来ないでしょう。増して、日本の場合は民間に委託するわけだし、国が経営するという状態ではないわけだから、それぞれのところから、いろいろな特徴が一杯出ても良いじゃないかなぁと思うんですよね。選ぶのは利用者なんだから、利用者が選べるチョイス出来る場所はたくさんあった方が良いでしょう。

　職員A：　私は思うのが、一般の人も、老人の人も、様々な環境に生活している人とか、いろんな病気を持っている人とか、いろんな人がいますよね。だから、それぞれの人に合ったものを利用する時に選ばせないと、一旦施設に入るとスタッフも大変だし、本人は一番大変だと思うんですよね。その人に合ったものを、その人に合った環境を選んであげないと、今の生活はほんとにその人が希望しているものなのか分からないでしょう。いろんな施設、いろんなものを客観的に見ていて、そういったところが一番大事なんじゃないのかと思う。

　職員B：　だから、介護保険の軸になるのはケアマネージャーなんです。ケアマネージャーという職業を作った時にそういうコーディネートが出来る人間を作ったわけです。利用者本人とその家族は介護保険制度自体をまだ理解が出来てない状態なので、それをちゃんと説明してあげる。あなたはこういう事をした方が良いですというアドバイスが出来るための指針として、ケアマネージャーというものを作ったんです。そこがしっかりしていないと後のマネジメント出来ないし、成り立たないんです。ここに施設がある、あそこに施設があるというだけじゃなくて、ここの施設なら合うんじゃないのか、ここの施設は合わないじゃないですかという判断をするのがケアマネージャーなんです。だから、軸になるのはケアマネージャーなんです。ケアマネージャーを追求すれば、介護保険の軟弱のところが出てきますね。ま

175

だまだ、過渡期なんです。

　職員A：　あと、お金が絡んでいるでしょう。結局は、ケアマネージャーも一つのところに所属しているので、そこの売り上げを上げるためにしてしまう場合があるんでしょう。というところで、やっぱり、がんじがらめになってきてる。

　職員B：　そう。がんじがらめになっている人は実際いるんですよね。

　職員A：　だから、それがほんとに良いのか。この人だったら、ほんとは、他の施設のほうが合っているのに、でも、ウチも空いているし、ウチに入れないといけないから、というところもあるかもしれない、そういうふうな動き方をしてしまう場合もある。それで、家族はおかしいと思って、ウチはこういう事を利用したいと言って、お母さん、お父さんの事を考えて、しっかり動いてくれれば良いんだけれど、家族自体もいろいろあるから、「もう手に負えないから任せきり」というところもある。任せきりになられても困るというところもありますよね。だから、そこをどういうふうに、柵がないようなシステムづくりが出来ると一番理想なんです。

　職員B：　日本人の気性としてね、今のケアマネージャーがやっぱり自分達の意には合わないからということで断る、ということをするのが、心情的になかなか難しいんですよ。日本人は下手なんですね。もっとドライに考えられない。断るのは気の毒じゃないだろうかみたいなね、そういう考え方をする人はまだ多いから。高齢者には特に多いですよね。ほんとは出来るんですよ、変えて良いんです。

　職員A：　利用する方がこのケアマネのプランはおかしいからケアマネを変えたいって言って良いです。「ケアマネを変えてください」って言って良いです。

　職員B：　それから、ケアマネージャーがほとんど民間に所属しているから、それを変えたい時にどうするかという時に、公的な意見を持っている地域包括支援センターというのがあるんです。そこに必ずケアマネージャーがいるんだから、主任ケアマネージャーがいるんだから、その人達に相談を持ちかければ、ちゃんと中に入ってもらえるんです。「ちょっとここのケアマネージャーよりも、こっちのケアマネー

ジャーの方を希望しているから」と言って、それでうまく調整してもらえるんです。市の委託事業だから、そういう人達はまた別に働いているわけです。中立に立てるんですね。熊本の場合は27ヵ所ぐらい地域包括支援センターがあるわけだから。

　筆者：　そうですか。実際に、この利用者様のケアプランはこの利用者に合わないじゃないのかと思う時がありますか。

　職員Ｂ：　私達から見ていて、それはあると思います。例えばね、この人達を受け入れていて、遠慮しているんだけど、ほんとにこれで良いのかなぁと、もっと家族のほうが介入しても良いじゃないのかなぁと、もっと家族の接触が多くなった方がこの人にとって良いじゃないのかなぁと、というようなことが多々ありますね。特に、小規模多機能というところは泊まらせるでしょう。家から離すでしょう、家での生活と違うんでしょう、今日、昼間からあなたにくっ付いているＥさんなんかも、昨日、一晩家に帰えるんだけど、家では当てにしないでしょう。

　職員Ａ：　ここに居る時間が長くなったら、また今度、家に安定しなくなるんでしょう。そこをどうバランスよく、ちゃんとリズムを作ってあげるとかという問題ですね。

　職員Ｂ：　そうです。それで、良いのかどうかというのね。なかなか判断が着かなくなるでしょう、本人は一番苦しんでいるんですよ。こっちでも寝れない、あっちでも寝れない、家でも寝れない状態で、落ち着かないんです。ほんとに、この人の居場所はどこなのか。

　また、慣れるまでには、時間がかかるじゃないですか。スット入らないですよね。「ここはあなたの居場所ですよ」って言って、「はい、分かりました」っていうのが出来るなら、そういうことを苦労しなくて良いわけです。それが出来ないから本人が苦しんでいるわけなんです。家族も苦しむわけですよ。ちょっと連れていったらいいけど、親の介護によって、自分の生活リズムを崩されるわけですよね。そうすると、いらいらしますよね、そして、手出したりするでしょう、もう見れないわとい

う形になってしまうかもしれないでしょう。何が良いのかというのが私達さえも手探りです。

　　職員A：　逆にね、グループホームとか、ずっと家に帰れないような施設の方が良いじゃないのかと思ったりする。

　　職員B：　そうです。そこで、早く慣れてもらった方が良いじゃないかと思うことも多々ある。行ったり来たりする方がほんとに良いのか。家に帰りたいと主張する人もいるので、それがどこまでノウなのか、という難しい問題です。本人が言っているのとケアプランの内容と違ってくる時にどうするのか。そこがケアマネージャーを中心にしないと、柱がいないといけないことなんですよね。現場の声と利用者の声とバランスをよく取らないといけない。現場の声ばかりを聞いとってもいけないし、利用者の声ばかりを聞いとっても現場が付いていけないかもしれない。両方を備えているわけでしょう。そこまでケアマネージャーが両方を考えていかないとケアマネージャーは務まりません。私も8年間ケアマネージャーをやってきているので、ケアマネージャーはまだケアマネージャーの悩みがあるんですよ。「この人のために、このほうが良い」と思っていることがそうじゃないでいうことが見える。ただ、左から右に動かせば良いということじゃないですよね。人間だから、感情があって、生活があって。そこをどうするかは難しい。

（5）所長と理事長へのインタビュー

<NPOの経営力>

　　所長：　NPOとかでも。やっぱり、経営力がないと介護でも人も雇えないし、だから、ソーシャルビジネスをここも申請しようかなと考えていますね。

　　理事長：　最近、ソーシャルワーカー、ソーシャルビジネスとかね出てきましたでしょう。2006年にノーベル賞をもらったバングラティッシュの方はソーシャルビジネスをやり始めたんです。社会福祉は公のお金、税金が入って、それで運営していく形。もちろんそれも重要だけと、自分達でね、ある程度利潤を生み出しながら、

それできちんと支えようという考え方でしょう。おおざっぱに言えば。

　所長：　もうね、国なんかお金がなくなってきているですね。地方自治体とか。頼れないから、自分で頑張って貯金する。

　理事長：　結局さ、自立性は自分達でまかなう。補助金とかそういうものにあまり頼らない。できるだけ自立。しかも、ポンとやってそこで終わるなんてダメだよ。長く続けるようにしないといけない。

　理事長：　NPOの非営利はどういう意味なのか、利潤を上げて、それを分配するという、いわゆる会社ではないわけ。非営利というのは、営利活動をするなと言ってないわけよ。つまり、非営利の目標は余分の収益から出た分はまた使うという流れを持ってきたのは非営利なんです。だから、会社だと投入して出た収入を出資者がもらうでしょう。NPOは出た収入をまた来年、再来年に使って、そういう活動を続けましょう。そこが、自立性、継続性につながっていくという考え方だよ。だから、ノンプロフィットってね、決して、何も生み出さない、お金を生み出さないと言っているわけじゃないから、営利だっていいのです。そこが重要です。

<NPOの自立・自律>
　筆者：　そして、NPOのミッション、理念についてどう考えられていらっしゃるのですか。

　理事長：　基本は自立性です。まずは、自分は自分を助ける。そして、お互いに協力し合う。それをちょっと広げると共に支え合うという概念になるじゃないですか。だから、共に支え合うということを公で支え合うと言ったら別な概念になるんですけれども、共に自分達で自立的に助け、支え合う概念をもっているNPOのミッションはまず出発点である。一つ言えば、共助よ。共に助けるだろう。しかも、それがノンプロフィットである。

　いろんなバリエーションがあるんですけど、例えば、制度では、老人福祉へのケア介護とかのシステム、障害者への制度、子育てへの制度があるわけ、それがそれ

でいいんですけれども、どうしても、間で掛け合う部分を制度で全部埋めないわけですよ。で、高齢は高齢、障者は障害、子供は子供、バラバラにしておくよりも、その辺はもうちょっと組織的につないで、それを全体で支え合って、そして、ノンプロフィット、非営利で、継続的に、というのがNPOのミッションとなるわけ。

　そして、それの基本にあるのは地域ですよ。われわれの生活圏だと思います。だから、生活圏で何か困ることがあったら、公に言って、何かしてあげましょうというのは公助でしょう。公からの助けでしょう。これはいろいろな福祉施設とか、介護施設が一杯ある。それはそれで良いんだけれども、自分達で持ち寄って、お互いにやり合って、しかも、非営利で。要するに、今までのシステムは非常にお金がかかるシステムだから、自ら変えるシステムを作ることによって、社会全体をやわらかくすることができるかもしれない。最近盛んに言うよね、自助、共助。一番合うのが共助だよ。

　理事長：　もう一つは、制度だけで決められたものをどうするかということだけじゃなく、現実にそこの中にある問題をどう組み立てるのかというものを常に持っとかんとね、ノンプロフィットが成り立たんです。だから、一番目は、フォーマルとインフォーマルです。フォーマルは制度、インフォーマルはそこのプラスアルファの部分です。生み出す部分で、そこが地域性という。二番目はね、物事をやる以上に決まりごと、一つのシステムが要るんですよね。だけと、システムだけじゃないわけ。システムプラス横のつながり。例えば、ボランティア、いわゆる、制度とネットワークづくりの融合なんです。三番目は、日本的に言うなら、地域福祉があるんです。例えば、日本だと、自治会とか、地域の社会福祉協議会とか、民生委員とかという形があるわけ。ところが、地域福祉をそれだけでつながっては、成り立たないところが一杯あるわけじゃないですか。そうじゃなくても、孤立している年寄りやホームレスとかいろんな人が一杯いるから、地域の問題は必ずそういうシステム化された地域福祉だけじゃ拾えないという部分があるわけ。地域では、いろんな課

180

題がある。ちゃんと全部を拾っていくためには、地域福祉と地域力なんです。(地域力とは)地域の自発性、自発的な力。自発性は先の共助と共に繋がっていく。今の結論は、フォーマルとインフォーマル、システムとネットワーク、地域福祉と地域力。

筆者：　それの役割を担っていくのはNPOですね。

所長：　NPOのほうがやりやすいというか、地域とつながりやすいし、あんまり制度的な束縛とか制約がないでしょう。

理事長：　問題は逆に制約がないもんだから、曖昧になるよね。弱いとなった時に、崩れてしまうでしょう。だから、必ず、自立的な力とずっと継続的にやっていくという力が2つ要るわけですよ。先に言った自立性と継続性。「じりつ」にも2つ意味があるんですね。「自立」と「自律」。「自立」は自分が出ていくほう。「自律」は自分の中でセルフーコントロールする。

筆者：　コントロールは難しい部分ですね。

理事長：　そうです。だから、コントロールする部分、そっちが問題なんです。社会福祉法人でも、医療法人でもシステムじゃないですか。介護保険制度で公の福利でやっていくのが社会福祉法人。一つのシステムで全部をくくれるわけではない。その中で、NPO法人は一つの形となる。全部とは言えない。ソーシャルビジネスもあるわけ。だけども、NPOはソーシャルビジネスと完全にダブらない。重なっているけど、完全にぴったりではない。ソーシャルビジネスの概念とNPOの概念は別なんです。NPOはソーシャルビジネスをやってもノンプロフィットです、利益を分配できないです。

4. 株式会社せら「デイサービス保保路（ぽぽろ）」の活動内容

介護サービスの指定事業者の中で、NPO法人は補完的な役割を果たしながら、新規参入をした介護指定事業者にアドバイスをしてあ

げていることが多い。今回の調査を通して、「あやの里」と「おー
さぁ」は新規介護デイサービス事業者「ぽぽろ」を指導し、ノウハ
ウを教えていたことが分かった。そのため、「ぽぽろ」を経営して
いる株式会社せらの実態調査を行った。その内容は以下のとおりで
ある。

　（1）株式会社せら「デイサービス保保路（ぽぽろ）」の活
動と組織概要

　株式会社せらは熊本市指定居宅（介護予防）サービス事業者とし
て、「デイサービス保保路（ぽぽろ）」という名称で介護サービス
を行っている（以下、「ぽぽろ」と表示する）。「ぽぽろ」は2009 年
に設立され、今年で3 年目になった。「ぽぽろ」とはピーブルの語源
でポーポロ（イタリア語）、「人々の」という意味であるため、一人
一人を大切にという願いを込めて「ぽぽろ」を名称にしたと施設長
から聞いた。漢字で表した「保保路」については、今まで何十年も
積み重ねてきた人生の年輪を振り返り、路を保っていくという意味
でつけられた。つまり、「利用者一人一人の生き方を尊敬し、今ま
での生活の延長線として、利用者自身の意思で選択できる時間の過
ごし方を最大限に確保するように努力し続ける」という経営方針で
運営している。

　今までの介護福祉分野においては、ほとんど年輩の職員が目立っ
ているが、「ぽぽろ」の施設長はとても若くて30 代前半の男性であ
る。大学を卒業した後、なぜ、介護分野のビジネスを目的とする会

社を設立したのかを施設長に聞いたところ、「今、日本の高齢者人口の割合は世界から見てもとても高い水準になっている。熊本市も決して低くない、高齢者の介護問題の厳しさを痛感したため、熊本市の高齢者介護の不足を少しでも解消できればと思い、介護分野に参入しゼロから始めた」、「株式会社の方が一番作りやすいかもしれないと思って会社の形式を選んだ」と答えてくれた。こういう話を聞いて、日本の高齢者介護の将来はきっと良い方向に進んでいくと思うようになった。

　施設長が温かい心で接してくれるため、「ぽぽろ」は家庭的な雰囲気の中で、利用者はとても落ち着いて明るく楽しく一日を過ごしていると利用者は言っていた。聞き取り調査を行っていた時、ちょうど歌の会が終わり、次に足の体操が始まった。利用者方々が時には真面目に、時には施設長のユーモアで笑いながら体操をしている姿を見て感動した。

　「ぽぽろ」の主なサービスは、送迎、入浴、食事、体操、健康チェックなど通所デイサービスである。一か月の利用登録者は57名、一日の利用者数が大体15名であり、ほとんど要支援から要介護4までの軽中度の要介護高齢者である。9割の利用者は一人暮らしであるため、引きこもりの予防と一人では難しい入浴などのデイサービスを利用している。多くの利用者はデイサービスを利用する理由として、より重度な介護を必要とするような状態に陥らないためと言っている。そして、一日の利用者数15~20人に対して一日の職員数は7~8名もいるため手厚く、細かく対応することができる。さら

に、「ぽぽろ」は庭で野菜作り、写経、習字、祭りなど季節に合わせた地域ふれあいイベントも行っている。

　「ぽぽろ」の規模も大きくないし、年数も短い。しかし、専門的な介護サービスを行うと同時に施設利用者と地域の方々との様々な交流活動を行っていくことは株式会社としてはとても難しいことであろう。これから福祉介護分野に進出しようと思っている若い起業者達にとって、とても良いモデルになるのではないだろうか。

　施設を運営していく中、資金不足、人材不足といった問題がある。今後、国からの助成金と支援策が多くなれるようにして欲しいと施設長は言っていた。また、施設長は「高齢者が自信を持って笑顔で長生きできる良い国、地域となるように考えている」と語っていた。

　次に「ぽぽろ」の組織概要について、以下のとおりに示すことにする。

表Ⅳ-15：「ぽぽろ」のプロフィール

組織名	「デイサービスぽぽろ」		
活動地域	熊本市大江を中心に、その周辺地域		
サービス内容	通所デイサービス介護		
介護保険制度の枠外サービス	地域ふれあいイベントを主催する		
対象者	要支援者、要介護者		
利用者数	利用者数：月間 57 人、一日平均 15~20 人		
事業内容	利用人数	スタッフ数	利用料金

続表

通所デイサービス	月間 57 名、一日に15 名~25 名	12 人（一日のスタッフ数 7~8人）	介護保険でかかった費用の1割負担、食事代: 550 円（おやつ込み、実費）
スタッフの内訳		人数	
施設長		1 人	
事務員		1 人	
看護師		2 人	
生活相談員（兼務含む）		2 人	
介護職員		6 人	
調理師		1 人	

出典: 訪問調査の質問票をもとに筆者作成

＊複数の資格を所有しているスタッフがいるため、スタッフの累計数は職員数より多くなる。

（2）「ぽぽろ」のデイサービス

　介護サービスの指定事業者の中で、NPO 法人は補完的な役割を果たしているだけではなく、新しい事業者にアドバイスをしてあげるところも多い。例えば、あやの里の代表は介護や施設管理などの知識が豊富であるため、新しく設立したデイサービス事業者「ぽぽろ」に指導やアドバイスをしていることが分かった。

　「ぽぽろ」に来られている利用者達の平均要介護度は1であり、「愛和」と「あやの里のデイサービス」に比べて平均介護度は低い。動きは活発で、意思表現がしっかりしていることが利用者達の特徴であろう。「ぽぽろ」は利用者の特徴に合わせて、介護予防を中心とした活動を多く提供している。民謡の先生やジェントル麻雀の先

生や詩吟の先生などのボランティアによる様々な活動を、1週間に4回以上取り入れている。利用者のニーズによって、多様で多彩な活動を行っていることが印象的である。

そして、仏教大学を卒業した施設長の下で毎日写経・習字又は写佛を行っていて、帰宅前に、皆が読経し施設長の仏教的な話しを聞くことができることは他の所に見られていない「ぽぽろ」のもう一つの特徴であろう。その影響なのか、全体的に安心した安らかな雰囲気が印象に残った。

「ぽぽろ」における一日の生活について、その具体的な内容と会話を以下とおり紹介したいと思う。

表Ⅳ-16：「ぽぽろ」における一日の生活内容

利用者20名、介護職員6名（男性3名、女性3名）	
時間	サービス内容と会話
8：00	朝礼の時間。 今日の職員全員で顔を合わせて、今日のスケジュールと注意事項などを確認してから送迎に入った。そして、調理の方が今日の食事数と食札を確認していた。
9：00	お家の近い利用者達が「ぽぽろ」に到着した。 ホールスタッフが利用者にお茶を出して、薬の確認、連絡帳確認などをしていた。また、体温と血圧を測って記録した。
9：30	お家がちょっと遠い利用者達が到着した。 同じく、お茶を出し、薬、連絡帳などの確認事項を確認し、体温と血圧を測って記録した。
施設長がテーブル一つ一つ回って、利用者お一人お一人に話かけて、おしゃべりをして、利用者の緊張感を和らげて、ほんわか雰囲気づくりに努力していたことは印象的であった。	

続表

10：00	朝のご挨拶。 毎日、ほぼ職員全員が揃って利用者達の前で朝の挨拶をして、今日の一日の流れとボランティアの活動内容を説明する。そして、最近のニュースや、社会的に話題になっていることについてお話をする。今日は、まず、夏になり始めたため、熱中症対策についていろいろお話をしていた。 　　職員：　部屋の中とかでもね、体温が高くなったら、熱中症になりやすいんで。特にですね、皆様のことではないんですが、ご高齢な方は、（皆、大笑い）、体温の調節がですね、なかなかうまくいかない、汗があまり出なかったりね、そういうのがあるので、水分をこまめに取り入れた方がいいんですね。 　　次に、今日の特別な活動内容について以下のような話である。 　　施設長：今日は中華の日、〇〇先生が腕を振るって、 　　中華料理を作ってくださいます。 　　そして、次に、筆者を皆様に紹介した。 　　施設長：　熊本県立大学から来られて、今社会福祉とか　社会保障とか、いろいろを勉強されておられます。えいと、私は中国語がペラペラなんで、（皆、大笑い）、11時ぐらいですね、自己紹介を兼ねて、中国語のですね、ちょっとしたお話をしていただこうと思います。で、皆様がお帰り頃には、もう、謝謝を言ってですね、お帰りにいただきたいと思います。（皆、再び大笑い） 　　職員：（謝謝を）よく言えますね。 　　施設長：　そうです。（私）中国語ペラペラでございます。 　　（皆、大笑い） また、次に、施設長の子供の話をしていた。 施設長：8キロから9キロぐらいになってまいりましてですけど、最近、歯が生えて出ました。 （ちょうどその時に、施設長の娘が歯が見えるように笑いだして、皆、笑って拍手をした）
利用者の方々が面白そうな顔をして聞いたり、笑ったり、時々、考えたり、隣同士に意見交換したりして、いきいきとした雰囲気であった。	

続表

10：20	障害のある職員 Tさんの挨拶。 「今日はすっきりです。今日もよろしくお願いします」というふうに朝の挨拶をしていた。
10：30	朝の体操。 ラジオ体操とストレッチ運動。
	棒を使うストレッチ運動は効果的なのか、利用者がとても興味を示すのか分からないけど、新聞紙で巻いた棒を使うストレッチ運動が今回調査したほとんどのところに使われている。
10：40	今日は何の日かについて、いろいろお話をしていた。 具体的に、今回はボーリングの日であって、なぜボーリングの日なのかについて利用者と職員の間で話が盛り上がっていた。
10：45	今日の歌。 歌を歌うまえに、「あ、い、う、え、お」という発音の練習をした。その後、元気よく一緒に「あめふり」という歌を歌った。
10：50	ちょっとした休憩の時間。 その時、「ぽぽろ」の自家製のレーザージュースを出した。職員が今日のジュースの中身についていろいろ説明をしていた。今日のジュースの中身は水前寺菜、リンゴ、バナナ、桑の実、人参だそうだ。
11：00	筆者の自己紹介とミニ中国語講座。 基礎発音と1から10までの数字を中国語で言うような講座であった。その後、中国への旅行について、いろいろなお話をしていた。例えば、Aさんは大連から北京までのコース、Bさんは広州から桂林までのコース、Cさんは上海から蘇州までのコース、Dさんは哈尔浜に、Eさんは福州に、などなど、皆様が中国各地を訪ねていた。そして、北京の万里の長城や蘇州の寒山寺や哈尔浜の凍彫祭りなどのことを言い出して、ああ、そうそうと利用者の間で声が上がっていた。

続表

11：45	途中休憩とトイレの時間。
	ほとんどの利用者が自立でトイレに行くことが出来る。もちろん、そばに職員が見守っていたが、できるだけ自立を保つために、あまり介入しないように気をつかっている様子であった。
11：50	5分間体操と同時に配膳を行う。 肩の体操、指の体操、足踏みの体操、簡単な早口言葉を使って口の動き体操を行っていた。 それと同時に他の職員が昼食を各テーブルに運んで、各利用者の前にトレーにのせて置いた。
12：00	昼食の時間。 調理員が今日の料理の献立てを説明する。その後、一人の利用者が代表者として「いただきます」と言って、食べ始める。
	ほとんどの利用者が自立でご飯を食べられる。そして、食前や食後の薬を飲む場合、職員が一人一人の利用者に声をかけて、薬を飲み終えて、しばらく様子を見て、誤嚥がないかを確認してから離れるようになっていた。 　利用者が食前準備の手伝いをしないが、食後の片づけを出来る範囲内でゆっくりしていた。
12：30	食後の口腔ケアを行っていた。
13：00	昼寝の時間。 職員がカーテンを閉めて、ライトも全部消して、昼寝の雰囲気を作っていた。利用者がソファや椅子で休憩をしていた。職員が時々、毛布をかけてあげたり、座布団を腰に入れたりしていた。
	昼寝しない利用者もいらっしゃる。昼寝しない利用者が自発的に一つのテーブルに集まって、いろいろおしゃべりをしていた。
13：50	ミニ体操とトイレの誘導。 午後の活動を行う前に、身体を動かす。

続表

14：00	写経。 職員が筆や墨や新聞紙などを取り出した。利用者が仏教の般若心経を書いている紙の上に透明な紙を重ねて経を書いていた。漢字が小さくて見られない利用者が大きな字を書いたり、佛の絵に色をつけたりして、それぞれに合った方法で楽しんでやっていた。
	途中に、お互いに書いた字を見せたり、話したりしていた。とても、ゆっくりで穏やかな雰囲気であった。
14：45	写経の片づけと休憩。
15：00	おやつの時間。 今日おやつはレモンケーキとすももに紅茶だった。とても、おしゃれな盛り付けで、カフェのような気分であった。
15：15	絵本の読み聞かせ時間。 職員がA3ぐらいの紙を出して、その上に描いた絵を利用者に見せて、二本の絵本読み聞かせをしていた。例えば、「月のうさぎ」である。
	利用者がとても集中的に聴いている様子。時々、内容についてお互いにしゃべったり、頭を使って考えたりして、真面目な顔であった。
15：30	リハビリ運動の時間。 例えば、両手の指を使って1から10まで数えるという運動である。右から左、左から右、また片手の親指のみを使わずに数えたりしていた。
	簡単そうに見えるが、なんと、最後に筆者も間違っていた。頭と体を一体にした運動だなあと感じた。

16：10	読経をし始めた。 施設者からはじめて、利用者達が一緒に仏教の般若心経の1ページを読んでいた。その後、施設長から仏教的な講話があった。その一部を紹介する。 施設長：　気持ちが先に立って行動をするのか、それとも、気持ちが伴わなくても行動をするのか、どっちが大事かという話になりましたが、どっちだと思います？ 心があって、行動に移るのか、で、心が伴わないけど、行動が先に進んでこころが付いてくるのか？ 　利用者：　一緒の方が。 　施設長：　そうですね。一緒の方が一番良いんです。佐藤さんのことを好かんのに、こうして（作った笑顔で）、肩はこうとなんですかねと言うことよりもですね、ほんとに心を込めた方が良いんです。がですね、がですね、人の心があってですね、やっぱり不安定なんです。今日良かなぁと思っても、明日分からんけど、明後日も分からんけど、いらいらしたり、むかむかしたり、不安になったりするんです。今日は心が楽しかったわねと帰ってもですね、もしかしたら、次に行くと明日はいやな気持になったり、不安な気持ちになったり、人間の心はそういうふうになるんです。人間の心は勝手なもんなんです。 　だげんですね、ほんとは、自分の心はせいせいと清らかで、人にも清らかなんですね。心で接するのが一番良いんですけれども、伴わぬことが多いんです。雨と一緒です。今日は晴れたけど、明日は雨が降るんです。だから、本当の心が伴わんでも行ずる（行う）ことが大事です。笑顔でほほ笑んだり、自分の調子がよくでも、同位さん大丈夫ねとか、今日は雨だけど、身体の痛みがないねとかそういう心遣いも大事です。それをずっと積み重ねてですね、少しずつ少しずつ、心全体が和らいできます。 　不安もあります、必ずまた怒りもきます。人間ですからね、そういうことがきます。だから、その時に、少しでも少しでも自分を解放する意味で、そういったことをずっと積み重ねていくと、あの世に行く時に、ほんとに、自分の人生が良かったな、ありがたかったなぁで、ずっと向こうにいるんです。

続表

16：10	急に、あの世に一人になって、良しとなりません。だから、自分の不安を取って、それながらもするのが大事ですね。はい、ということで、皆様でまたまたずっと祈りを続けたいと思います。最後に、Aさんの一本締めをしていただきたいんですね。 最後に利用者 A さんの一本締めで「ぽぽろ」での一日は終わった。
16：30	順番に利用者たちを送った。
利用者の方々と職員全員がとても真面目に聞いており、安らかな雰囲気となった。	

（3）「ぽぽろ」の特徴

①　おしゃれな介護

「ぽぽろ」の利用者の平均要介護度が1であるため、予防を中心とした介護サービスを提供しているようである。午前と午後の動きが両方とも活発であって、集団で過ごす時が多い。月ごとの行事について、一部を取り出すと表Ⅳ-11のようになる。

表Ⅳ-17：6月の行事予定

月曜	火曜	水曜	木曜	金曜	土曜
4 日 若返り体操10：30 ～（〇〇先生） 写経（写佛）11：00～ お話会 14：00～（〇〇先生）	5 日 朝の体操10：30～ みんなで体操11：00～（〇〇先生） 写経（写佛）14：00～	6 日 朝の体操10：30～ 写経（写佛）11：00～ 民謡を楽しもう（〇〇先生）14：00～ お庭でアフタヌーンティー	7 日 朝の体操10：30～ 写経（写佛）11：00～ 江津湖でお茶を!	8 日 朝の体操10：30～ 写経（写佛）11：00～ お楽しみプログラム	9 日 朝の体操10：30～ 体操で健康に10：45（〇〇先生） 写経（写佛）14：00～

続表

月曜	火曜	水曜	木曜	金曜	土曜
18日 若返り体操10：30～ （〇〇先生） 写経（写佛）11：00～ 詩吟を楽しみましょう14：00～（〇〇先生）	19日 朝の体操10：30～ ヴァイオリンコンサート（〇〇先生）（県劇にて・500円）11：00～12：00 写経（写佛）14：00～	20日 朝の体操10：30～ 写経（写佛）11：00～ お楽しみプログラム	21日 朝の体操10：30～ さぬきうどんに挑戦（〇〇先生）11：00 写経（写佛）14：00～	22日 朝の体操10：30～ お楽しみプログラム11：00 中華の日（〇〇先生） 写経（写佛）14：00～	23日 朝の体操10：30～ 写経（写佛）11：00～ 〇〇先生と作るおやつ14：00（〇〇先生）

出典：「ぽぽろ」の資料に基づき筆者作成

　以上のように、毎日欠かせない活動は朝の体操と写経である。特に、写経の時には穏やかな安らかな雰囲気となり、利用者達の落ち着いた気持ちが伝わった。

　そして、「ぽぽろ」は外部から様々な先生による沢山のボランティア活動を取り入れていて、ボランティア活動内容は毎日違う。例えば、時々の詩吟の楽しみ、さぬきうどんの挑戦、コンサート、江津湖でのお茶などにように、聞いているだけでも楽しそう。今回、紹介した日は中華の日であった。昼食は有名な先生が作られた中華料理となり、おいしくて色どりもよく、利用者達は大満足であった。そして、午後のおやつの盛り付けもまたおしゃれで、カフェのような気分となった。また、施設のお庭ガーデンでのおやつの時間を過ごすことも多く、時々、野菜植えも行う。調査する期間中でその光景をよく見かけた。

② 職員全員の努力

「ぽぽろ」での介護サービスは時には活発で、時には安らかで、落ち着いた雰囲気の中で、おしゃれな介護サービスが提供されている。それには、職員全員の努力が欠かせない。以下に示す「ぽぽろ」のスケジュール表に職員の介護姿勢が現われている。（一部を取り出し表IV-18参照）

表IV-18：「ぽぽろ」の業務分担スケジュール

		2012.6. 18
9：20	テーブルごとにスタッフ1人が対応し、バイタルを取りながら、ご利用者様の状況を把握する（ホールに居るスタッフが少ない場合は、1つのテーブルにかたよらず、全体に声をかける）。また、朝は緊張しやすいため利用者からの話を引き出し、ほのぼのとしたほんわかした雰囲気をつくる（全員で）。	
10：05	レク同士の打ち合わせ 今週の歌1曲（ただ歌うのではなく元気を出してもらう） 笑顔を心掛ける。挨拶やストレッチの1、2、3のかけ声は大きな声で、利用者の意識をひきつけ、転倒防止につながる。	
10：45	メインプログラム（ボランティアの先生の時は、必ず打ち合わせを行う。時間・準備するもの・流れなど。） メインプログラム補助（ボランティアの先生の力が発揮できるよう、補助に入る。）	
14：00	午後のプログラム開始 身体を動かすプログラムと頭を使うプログラムの組み合わせ。 身体を動かすプログラムがメインの場合は、最初や途中休憩、終わりがけに頭を使うレクレーション、お話を入れる。 頭を使うプログラムがメインの場合は、前後にストレッチ等の身体を動かすレクレーションを入れる。	
16：05	勤行（スタッフも参加する）	

出典：「ぽぽろ」の資料に基づき筆者作成

特に、最後の読経や施設長が語った仏教的な話（勤行）などは、利用者にだけではなく、スタッフにも良い影響を与え、スタッフの介護教育にもつながり、一石二鳥効果があるのではないかと思った。それは、「ぽぽろ」の特徴かもしれない。

③　障害者の雇用

「ぽぽろ」のもう一つ特徴は障害者を雇用していることである。Tさんという障害を持っている18歳の少女である。一年前、「ぽぽろ」を訪問した時にはいなかった。今年、雇用し始めたそうである。実際に、Tさんと接していろいろお話をした。Tさんは話が大好きで、とても明るくて、元気が一杯あふれている方だと感じた。少し障害を持っているため、早口で時々聞きずらいことがあったが、食事の準備や片つけなどの仕事にはほとんど障害がなく、スムーズに動いている。なぜ、「ぽぽろ」で介護の仕事をしようと思ったのかと尋ねた時以下のような答えがあった。

　T：　　私の家族は5人います。おばあちゃんが大好きです。（だから、）高齢者のお世話をするのが大好きです。ここが受け入れてくれて、嬉しいです。ここで働くのが楽しいです。特別支援学校を卒業する前に、「ぽぽろ」に来て、実習をしていた。そして、先生の勧めで、ここにきた。10時から4時まで（働く）。4時からバスで帰って、家の家事を手伝っています。

　Tさんはアルバイトぐらいで時々来るのかと思っていたが、違っていた。月曜日から金曜日まで、朝に10時から午後の4時まで、しっかり働いていて、時給も普通の職員と同じぐらいということに驚いた。さらに、他の職員達が青木さんのことを一般的な職員として見

ていて、挨拶や報告の仕方など職場での基本的なことを時には優しく、時には厳しく教えたり、指導してあげたりして、偏見は少しもなかった。施設長がTさんのことについて、「これはTさんです、ここでね、バリバリ働いていないんですよ」とユーモアで語って、笑った。昼ごはんの時に、職員達と一緒に食べて、おしゃべりをして、すっかり職場に溶け込んでいる様子であった。汗をいっぱい流しているTさんをみて、この仕事は容易ではないだろうが、この温かい環境の中で、充実した日々を送っているだろうと感動した。

　熊本障害者職業センターに所属しているTさんのジョブコーチYさんがこう語ってくれた。

　Y：　最初は、やはり難しかったが、ジョブコーチ2人交代で、週に2回以上の支援をしていた、今でも続いています。Tさんに仕事のサポートをして、雇用側へのサポートもする。10年前には、障害者側の片方だけで支援をしていて、なかなかうまく行かなかったです。今は、雇用される障害者と雇用する会社、両方を支援するようになり、職業の定着率がぐんと上がって、90％にも達したんですね。凄い数字でしょう。

　実は、障害者を雇用したいところが多くあるんですけど、どうすればいいのか分からない。また、実際に雇用していても、障害者とどう接すればいいのか分からないから、いろいろ誤解なり、すれ違いが生じたりして結局うまく行かなかったんですね。ですから、雇用する会社への支援や指導なども重要ですね。だから、私達は週2回、「ぽぽろ」に来て、普段働いている様子をみたり、問題はないのかどうかを施設長といろいろ話したりしている。そして、Tさん本人とその家族とTさんの先生、施設者、ジョブコーチで皆揃って、月に1回、会議をします。例えば、今月一歩進んだこととか、直してほしいところとか、今後の課題とか、いろいろについて話し合

いますね。それは、Tさんにとっても、雇用する会社にとっても良いことですね。

　10年、20年前と比べたら、手作りとか、製造業より、サービス業とか、運送業とか、老人施設、保育園での作業が増えていますね。どんどん社会に出ているなあと思いますね。良いことですよね。

V　高齢者福祉 NPOの地域ふれあい活動

　本章では、第Ⅳ章の個別の施設ごとの記述に加えて、施設ごとの地域との関わり、施設相互のネットワークなどを中心に記述を進めている。介護保険制度の枠外サービスとして地域とのつながりを模索する動きなどのNPOの得意とする分野の活動内容を抽出し、高齢者福祉 NPOの成功要因や可能性を分析する。

1.　「通い処愛和」の地域ふれあい活動

（1）民生委員としての活動

　「通い処愛和」は介護保険サービスを主に行っているが、介護サービス以外の事にも積極的に参加している。「通い処愛和」の管理者市原由美は地域の民生委員を務めて、地域住民の安否を把握している。実際、今回の調査の時に、筆者も同行した。以下の写真は管理者市原氏が住民の家を一軒一軒回って、住民達の様子をうかがって季節ごとの注意事項を伝えていた様子である。

図 V-1　地域住民の安否を把握している様子

（2）日本将棋連盟の「愛和支部」としての活動

「通い処愛和」は日本将棋連盟の地方組織「愛和支部」としても
活用されている。現在の会員は熊本市などの小学校から70代までの
16 人がいる。月に1 回、「通い処愛和」で活動している。会員を女
性に限定した支部であり、同連盟で唯一の存在である。熊本日日新
聞でも取り上げられて注目されている。しばしば、「将棋カフェ」
を開いて、沢山の会員や初心者を育てるだけでなく、「通い処愛和」
のことや認知症対応介護のことも沢山の人に知ってもらうために役
に立てている。

図 V-2　日本将棋連盟の熊本でのイベントへの参加写真と
　　　　施設に飾っている会員からのメッセージ

（3）水害を受けた利用者を自家に引き受ける

2012 年 7 月に熊本県で発生した水害で熊本市龍田陣内地域の住民は大変苦しんだ。その中に「通い処愛和」に通っている 1 人の利用者 H さんがいる。H さんの家が水に流されて、帰られない状況であった。その当時、「通い処愛和」の管理者市原氏の家に避難していた。H さんのためにおむつなどの買い物をしている時に市原市はこう語った。

　市原：H さんは私子供の頃からのお知り合いで、私の事を良く知っていて、良くお世話になったおばあちゃんですね。自分の子供と離れて一人暮らししている。今回の事で子供はどうしてもすぐに来られない状況ですよ。

　認知症はかなり進んでいて、そばに付き添いをしないとご飯をきちんと食べられないし。水害で家がやられて、本人はきっと心配していると思うんですね。こんな状況で、いきなり他の施設に移ったら、ご飯をちゃんと食べられるかどうか、大好きな外出はできるかどうかとても心配ですね。施設に移すのはとても簡単ですよ。でも、手放ししたら、身体がすぐに弱くなっていくのが目に見えているし、もし病気になったら、亡くなられたら、この仕事をしていく上で、私は一生後悔するかもしれないと思って、家で引き受けているんですね。

　でも、何ヶ月も続いたら、家族には迷惑をかけるじゃないかと思って、今後、どうしたらいいのかすごく悩んでいるところです。

　地域住民のことを第一に考えている市原氏の顔を見て、確かにご飯ものどを通らず頭が痛くなるほど悩んでいる様子であった。

（4）社会福祉法人との連携

　「通い処愛和」の管理者市原氏は様々な勉強会や研修会にも積極

的に参加し、介護職員のネットワークづくりや外部の関係者とのつながりにも力を入れている。例えば、実際に市原氏と同行し参加した熊本で開かれた三好先生の講演会や社会福祉法人が主催した研修会や社会福祉法人紀水ナージングホームが主催した研究会等々である。社会福祉法人紀水ナージングホームが主催した研究会の様子は以下のとおりである。

表Ⅴ-1：研修会において会話内容

社会福祉法人紀水ナージングホームが主催した研修会	
	2012 年 7 月 20 日
主催者	社会福祉法人紀水ナージングホームの部長である庭田孝男。
講師	庭田氏の友人でもある有名な福祉の先生を招いて、講義などを行った。
参加者	社会福祉法人の介護職員 20 人、「通い処愛和」の管理者市原氏、他の有料老人ホームのオーナーと責任者、他の特別養護老人ホームの生活相談員、他の福祉関係者など、計 25 人以上。

　飲み会の時に社会福祉法人紀水ナージングホームの職員達（20 代）に短いインタビューを行った。その内容は以下のとおりである。
　筆者：　　今回の研修会はどうでしたか。
　職員 A：　良かったです。勉強になりました。毎日、ウチだけでの仕事をしているので、他のところはどうなっているのか全然分からない。勉強する機会も少ないからね。
　職員 B：　でも、理想論はいろいろあるんですけど、現場とはまたちょっと違います。

現場に基づいた理論のほうがもっと説得力あると気付いた。

筆者：　　なぜ介護の仕事を選んだのですか。 　職員 A：私は数字を使う仕事には向いてない。やはり人と直接に接した方が向いていると思って、ここに来たんです。 　職員 B：　そう。やっぱり、こういう仕事に向いていると向いていない人がいるのです。正直、この仕事をする前にいろいろ悩んだんです。 　職員 C：　そうね。学校に福祉を勉強しても他の仕事をする人が多い。施設に入社しても、途中で辞めてしまう人も結構多いです。だから、この仕事に向いているか向いていないかといったことに関係しています。 　職員 B：　そう。匂いがきついとか、ひょっとしたら手にうんこがついているとかがあったりしています。私は別に、洗えば良いじゃん、大したことじゃないと思うのです。でも、「私は絶対向いていない」と言う友達とか同級生とかが結構多いですからね。 　職員 A：　そう、そういう時、洗えばいいじゃんと思います。
皆はとてもよく話してくれた。
筆者：　　介護職員の給料は少ないと聞いていますが、実際どうですか。 　職員 A：　以前と比べたら、だいぶ良くなった方ですよ。だた、他の職業と比べたら、まだまだ少ないと感じます。特に、結婚して家庭を持つようになると皆は結構大変だと言われます。 　職員 B：　介護は誰でも出来る仕事だって、世の中にこういうふうに思われているから。私達は結構頑張っていますが、やはり理解してもらえないって感じです。 　職員 C：　国がいろいろ改善してくれて、助かっています。しかし、それを施設で分配することで、事務職にも付いているので、そこがちょっと納得いかないですね。 　職員 A：　手当なんかないですよ。たとえ、介護福祉士とかケアマネージャーとかのいろんな資格を頑張って取っても、それは手当の対象にはならない。
やはり、給料のことを言い出すと、結構真剣な顔になっていた。話から大学卒の新人は高卒の新人と同列に並びたくない。一方、高卒や専門学校卒の人は、皆がやっていることが一緒なので区別されたくないという意識にずれがあることを感じた。

　そして、社会福祉法人「紀水ナージングホーム」の男性職員は多く、介護職員の平均年齢は45 歳以下であることが分かった。さらに、「ウチの社内結婚が多いですよ。大体 8 割です。だから、定着率

も高い」、「男女参加協働に力を入れています」という庭田氏の話を
聞き、とてもびっくりであった。「庭田さんはとても親切だし、仕事
の経験も豊富です。愛和を設立当初からいろんとアドバイスしても
らっていて、とても感謝しています」と「通い処愛和」の管理者市
原氏が語ってくれた。

2. 「あやの里」の地域ふれあい活動

（1）地域ふれあいホームの活用

　「あやの里」は介護サービス以外に、地域ふれあい活動に力を入
れている。2012 年 7 月にあやの里は昨年市から引き受けた地域ふれ
あいホームを活用して、二日間にわたり、伊勢神宮の写真展という
最大のイベントを開いた。くまもと経済や熊本日日新聞などでも注
目されていた。新聞による詳細な報道の一部は以下の通りである。

　「空き家を地域のコミュニケーションに活用しようとインド出身
で、東京在住のクリエーター、マンジョット・ベティさんが7、8の
両日、熊本市東区山ノ内の一軒家で写真展を開いた。伊勢神宮やト
ヨタの広告を手掛けており、今回は同宮を撮影した21 枚を展示。
『コミュニケーションに関わる仕事で得たノウハウを、地域のために
生かしたい』と考え、各地に点在する空き家に目を付けた。親交の
ある熊本市のNPO 法人あやの里が2 年前まで老人ホームとして使っ
ていた築40 年の平家を会場として提供。（中略）初日は学生らと地
域づくりをテーマにした座談会もあった。座談会には熊本県立大学

で地域福祉を学ぶ4年生ら約 10 人が参加。学生からは『高齢者の孤独死や認知症の防止のためには近所の人と交流できる場所が必要』などの意見が出た[①]」。

　また、イベント当日にボランティアとして参加していた学生らは「お年寄りと話す機会がなかなかないので、今回、様々なおばあちゃん、おじいちゃんとたくさんお話ができて、とても勉強になりましたし、その感覚はとても不思議でした」と言っていた。

図Ⅴ-3　一枚の写真

図Ⅴ-4　マンジョット・ベティさんが「あやの里」の利用
者と職員に写真を説明している様子

図V-5　一日目に、「あやの里」の副代表が担当している座談会の様子

図V-6　イベントの会場で山ノ内校区地域の住民達が「節水ソング」を歌っている様子と「あやの里」の職員らは夕方のバーベキューを準備している様子

（2）新年お祝の餅づき大会

　「あやの里」は、時々、中庭で様々なイベントを開いている。例えば、去年（2011年）の12月28日の聞き取り調査の後に正月の餅つきに一緒に参加したことである。そのときの活動は以下のとおりであった。

　12月28日、周辺の住民達を招いて、朝の8時半から午後の3時まで、一緒に餅つき活動を行い、餅を石臼でついたり、振る舞いをしたりしていた。子供から年寄りまで、皆でしゃべったり、笑ったり、

楽しんで餅つきをした。そして、「あやの里」の利用者が誤嚥をしないように、芋と一緒に練りこんだ餅づくりを心かけている。「あやの里」の利用者と地域住民、子供と一つになって、楽しんでいた。

図Ⅴ-7　住民達は各持参のもち米を蒸している様子と餡子入りの餅

図Ⅴ-8　地域住民達が餅を丸めている様子

図Ⅴ-9　「あやの里」の利用者達は中庭でお餅
をおいしく食べている様子

3. 地域ふれあい活動の可能性

　地域に点在し、地域密着性を持つNPO法人にとっては、協働における自立を高めるために、地域住民から信頼される事業の展開が鍵であると思われる。特に高齢者福祉NPOの今後の発展のためには、介護サービスの提供活動をベースとして、周辺の地域住民、現場の市民団体と協働できる力を磨く必要がある。その結果として、地域からの支援を受けることにより、行政に対する政策提案力を高め、最終的には、行政と対等的な立場で自らの存在基盤を確立できるようになるのであろう。

　日本の特定非営利法人（NPO）の基本的性格は公益法人であるため、公共団体である自治体と協働できるベースをもっていることが営利法人と大きく違う点である。実際にも、NPO法人が行政施策の推進者、提案者として位置づけられているし、多くの自治体において、NPO法人を介護保険事業委員会の住民代表として参加させている。

　このことを介護保険の保険者である自治体側からみると、介護事業を営利企業、社会福祉法人だけに任せた場合、介護市場が偏ってしまい、問題を発生しやすくなる。介護保険事業のサービス水準を高めるためには、地域における多様なニーズに柔軟に対応することが難しい社会福祉法人を増やすより、むしろ特定非営利法人（NPO）が「指定居宅サービス事業者」としての進出することが望

ましい。このことによって、利益優先の方式を牽制することになり、介護保険事業者の多様性を作り出し、介護サービスの価値の多角化を図られるうえで貢献できるのではないかと考えられる[②]。

　そして、2005 年に改定された介護保険法では介護予防がより一層重視されるようになり、高齢者が要支援者、要介護者にならずに健康であり続けるためのシステムづくりが自治体にとって、緊急の課題となった。市民の健康を維持することは、個々の市民が自覚した上で積極的な参加をしなければ実現しない。この分野こそが市民との信頼関係を築いた高齢者福祉 NPO の得意とするところであって、このような状態を作り出すための軸になるのが NPO である[③]。

　自治体は NPO の特質を理解したうえで、こうした事業を NPO との協働で実施していくことも重要であり、行政施策の現場における推進者、提案者として NPO の成長や活躍も不可欠である。これまで、あまり関係のなかった自治体と NPO 法人は、今、介護事業によって結ばれてパートナーシップが形成されつつある。そして、実績を積み上げた貢献度の高い NPO 法人に、ある程度の補助を行うことなどは妥当であると思う。ところが、行政からの助成を受けることに対しては、NPO の自律性を損なう危険があるため、避けるべきだという説がある。筆者はこの説には賛成できない。なぜなら、この説は基本には、行政と NPO の関係を従来の縦型の上下関係に基づいて理解しているからである。しかし、現在、パートナーシップ、協働が求められる時代になったため、前記のような説は妥当性が低下していると考える。具体的な方法としては、高齢者福祉 NPO が介護サー

ビスを行いながら、地域の公民館やコミュニティセンターなどを運営することが考えられる。

　行政や地方自治体主導の町内会や公民館、コミュニティなどが弱体化し、崩壊してきている。従来の伝統的な価値観から解放され、自由になったように見えるが、個人はバラバラとなり、組織団体や地域に帰属することによってもたらされる心理的な安定感を失ってしまっている④。

　世古一穂は、この状況を変えていくためには、テーマ型コミュニティ社会を作っていく必要があり、その「道具」こそがNPOであると述べている。その理由として、以下のように述べている。

　「NPOとは本来、自立し、独自に意志決定ができて、ミッションが達成されたら解散してもよいという組織である。このテーマ型のコミュニティはお上が設定するようなものではなく、市民のコミュニティである。このような社会の仕組みづくりから、自治体のニーズに合うものが出てくる可能性もあるだろう⑤」。

　つまり、NPOの最終的な目的はミッションの達成であるため、ミッションが達成されたら解散してもよいというような考え方である。阪神・淡路大震災をきっかけに、急速に成長してきたNPO法人の中では、環境系NPO、文化振興系NPOなどが目立っている。これらの分野のNPOにはこのように考え方は当てはなるかもしれない。

　しかし、介護在宅サービスやグループホームなどを運営している高齢者福祉NPOは継続的に介護サービスを提供しなければならない。安易に解散したら、利用者や自治体を困惑させる。そうならな

いように、介護保険制度での位置づけの確保、行政からの補助、支援、指導が欠かせない。継続性は高齢者福祉 NPO にとって、他の NPO 法人より、強く求められ、行政との協働を求められる理由の一つはそこにある。

　他方、行政との協働に頼りすぎると、NPO の自主性が失われ、行政の下請けになりかねない。それらの問題を解決するために、NPO の自主性の高い市民活動や公益ボランティア活動などを行うことによって、バランスを保つことが求められる。このような努力によって、介護保険制度の枠内、枠外のサービスを提供する高齢者福祉 NPO の枠組みを超えて、地域福祉の向上、市民社会に貢献できる新たなミッションを見出すことができるのである。「通い処愛和」と「あやの里」のように、地域ふれあい活動や他の協働ネットワーキングなどによって、それを実現できる可能性は高いと思う。

　市民参加型任意団体から発足してきた高齢者福祉 NPO は市民運動的な組織でもあり、事業活動（特に介護事業）を行う組織でもある。他の環境系 NPO と文化系 NPO などの一般的な NPO と比べて、二面性がある。具体的には、ボランティア性と有償性、または、市民性と専門性という対立軸となって現れる。こういう課題は、事業性が高い高齢者福祉 NPO にとって、「ニーズに適応できる担い手の確保が困難」、「担い手の技術の個人差が大きい」といった点が問題となってくる。一方、市民間の相互扶助から始まった事業も、事業化を進めるほど、専門性と継続性が求められるとともに、市民意識と事業者としてのプロ意識の間にギャップが生じ、その両方のバラン

スを取ることが難しくなる。さらに、介護事業に深く参入すればするほど、以上のような問題がより顕著になってくる⑥。

　これらの問題を解決するために、各高齢者福祉 NPOは会員やスタッフ間にNPOの理念を共有させ、介護職員の知識・技術を向上させるための研究会を積極的に開き、助言や相談などに取り組んでいる。しかし、単独の内部努力ではやはり限界がある。市民事業、介護事業において、NPO法人の活動はまだ試行錯誤の段階にあり、自治体、企業、地域市民、と様々な関連機関とのネットワークの形成や協働システムづくりが不可欠であると考える。最後に、ここまで述べてきた協働ネットワークにおけるNPO法人の役割と位置付けについて、図示すると図Ｖ–10の通りとなる。

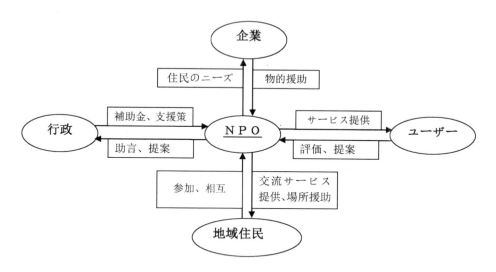

図Ｖ–10：協働ネットワークにおけるNPOの役割と位置付け

出典：筆者作成

注

①熊本日日新聞、平成 24 年 7 月 11 日（水曜日）　20 版。

②田中尚輝・浅川澄一・安立清史『介護系 NPOの最前線—全国トップ 16の実像—』（ミネルヴァ書房、2003 年）9 頁。

③田中・浅川・安立注（2）、前掲書、10 頁。

④世古一穂『参加と協働のデザインNPO・行政・企業の役割を再考する』(株式会社学芸出版社　2009 年）15 頁。

⑤世古注（4）、前掲書、15 頁。

⑥松下啓一『自治体 NPO 政策—協働と支援の基本ルール"NPO 条例"の提案—』(ぎょうせい、1998 年）134 頁。

Ⅵ　諸外国の福祉非営利セクター

　本章では、高齢者福祉NPOに関連する制度、組織などに関する国際比較を行う。本書は熊本市の高齢者福祉NPOを主な対象とする実態調査に主眼を置いているため、一般化しにくい部分がどうしても出てくる。このため、本章では、議論と考察をより一般化し、その厚みを増すために、NPOの議論で必ず言及されるアメリカと筆者の母国である中国の事例を取り上げ、国際的な比較検討を行うことにした。

1. アメリカの高齢者福祉政策と非営利セクター

（1）アメリカの高齢者福祉事業

　2011年（平成23年）現在、アメリカの総人口は約3億406万人で、65歳以上の人口は約4356万人である。60歳以上、65歳以上を高齢者と定義すると、アメリカの高齢化率は12.8%である。その数字は日本と比べると低いが、2010年から2030年の間にベビーブーム

世代が65歳になるため、高齢者数は2000年の3500万人から2010年には4000万人以上に増加した。アメリカの高齢化の進展は、他の先進国と比べるとまだ緩やかである。しかし、2020年には高齢者数は5500万人に、2030年には7150万人に増加し、高齢者率は20％に伸びることが予測されている[①]。

　① メディケアとメディケイド

　アメリカでもますます高齢社会に向けての対策が必要になってきているが、日本の介護保険制度のような制度はない。アメリカでは、政府が原則として個人の生活に干渉しないという自己責任、自立精神の強い伝統があるため、高齢者の福祉に関して、高齢者年金、高齢者医療保障制度しか導入されなかった。高齢者医療保障について、65歳以上の高齢者はメディケアと呼ばれる高齢者医療保障でカバーされる。一方、低所得者にはメディケイドと呼ばれる医療扶助制度があるが、医療の分野に限定されている[②]。

　メディケアは1965年に創設された連邦保健・福祉省が運営する公的保険制度である。65歳以上の者、障害年金受給者などを対象としており、2006年では約4300万人が加入していた。メディケイドは、1965年に創設された低所得者に公的医療扶助を行う制度である。2006年では約5000万人が加入していた。そして、1965年にジョンソン大統領によって、連邦アメリカ高齢者法（Older Americans Act）が成立したことにより、高齢者福祉サービスが重視されるようになった。しかし、アメリカ高齢者法の連邦予算（2008年には20億ドル）はメディケイドの予算（2008年には2000億ドル）と比べて100

分の1程度で小規模である。アメリカにおけるメディケア・メディ
ケイド及びアメリカ高齢者法の適用範囲は、図表Ⅵ-1のとおりで
ある③。

　アメリカでは、介護を中心とした福祉の分野ではほとんど医療保
険でカバーできず、原則的に自己負担となる。介護費用を負担する
ために資産を使い尽くして自己負担ができなくなった場合に初めて、
メディケイドを利用することができ、また、アメリカ高齢者法によ
る在宅介護の補助を受けることができる。それでも、限定された
サービスしか利用できないので、全般的に言えば、アメリカの高齢
者介護は、やはり自己責任・自己負担の色彩が強いのである。

表Ⅵ-1：メディケア・メディケイド及びアメリカ高齢者法との比較

	対象者	介護適用範囲
メディケア	65 歳以上の保険加入者	ほとんど適用しない、ナーシングホームなどの医療的側面が強い入所施設のサービスの一部分に適用する
メディケイド	低所得者	一部の低所得者に限定された介護サービスを適用する
アメリカ高齢者法	60 歳以上の高齢者	医療に入らない食事の宅配、入浴介助などの一定の在宅介護サービス費用を補助する

　出典：http：//www.clair.or.jp/j/forum/c_report/pdf/347.pdfをもとに筆者作成

　したがって、アメリカの高齢者介護福祉においては、各州がその
特徴や問題点を考えて、それぞれの州に合った介護プログラムを設
定し、実現しているのが実情である。その中で、非営利セクターの
役割がとても大きくなっている。そして、民間企業、宗教団体など

も参入してきているので、高齢者福祉サービスの提供主体は多元化にしている。

②　高齢者福祉サービスと非営利セクター

高齢者福祉サービスを中心に提供している非営利セクターは、一般向け、特殊なニーズをもっている人向け、緊急対応などに分けて事業内容を組み立てている。地域によって、NPO 団体数が多かったり少なかったりすることがあるし、多くのサービスが一つの大きい綜合型非営利セクターによって行われたり、行政の委託契約をもらえない小規模でも草の根の地域密着型非営利組織もある。このように、様々な運営形態があるが、基本的な内容としては、綜合的サービス、住居関連サービス、直接サービスを提供している。それぞれの具体的な内容と例は図表Ⅵ-2のとおりである[④]。

表Ⅵ-2：非営利セクターにおける高齢者福祉の事業内容

綜合的サービス	シニアセンター、ソーシャルサービス、ケースマネージメント、ボランティアセンターなど
住居・施設関連サービス	自立生活目的自宅改善プログラム、共同住宅及び混合住宅、介護付き集合住宅、看護付き住居施設（ナーシングホーム）、リハビリ用療養施設、シェルター、長期療養施設、ホスピス、引退者コミュニティなど
直接サービス	栄養プログラム、シニア・デイケアセンター、シニア・ヘルスセンター、ペース包括式プログラム（高齢者のすべてのケアを包括したプログラム、ケアギバー派遣（障害者なども含めた介護者、介助人の派遣）、シニアエスコート・サービス、在宅看護、ホスピスケアセンター（訪問看護組織と一緒になることがほとんど）、カウンセリング、生涯教育など

間接サービス	ケアギバーサポート（介護者サポート）、オンブズマン（長期療養施設の行政監視員）、慈善事業基金集め組織、法律相談など

出典：マサミ・コバヤシ・ウィーズナー『シニアが活かすアメリカのNPO』（株式会社現代書館、2002 年）78~131 頁の内容に基づき筆者作成

（2）アメリカの非営利セクター

①　アメリカの非営利セクターの定義

　アメリカの非営利セクターを広く定義すると宗教団体、選挙に関する非営利団体なども含め、政府の直轄機関と営利企業以外すべてのものが当てはまる。しかし、本書で論じる日本のNPOに関しては、宗教団体や選挙に関する非営利団体などの非営利組織を含めていないため、宗教団体、選挙に関する非営利団体などを除いた非営利セクターを対象にする。

　それでも、日本よりアメリカの非営利セクターの方が活動範囲も広く、規模も大きい。例えば、教育・調査研究分野、保健・医療分野、社会サービス分野、文化・レクリエーション分野、業界・職業団体、地域開発・住宅等の分野での活動を広範囲で行っている。大体の内容は表Ⅵ-3に示す通りである⑤。

表Ⅵ-3：非営利セクターの分類と活動範囲

分類	活動範囲
教育・調査研究分野	私立の初等・中等学校と中等教育以上の教育に対するもの（例えば大学、大学院も含める）。
保健・医療分野	病院、診療所、保健非営利団体等々。

続表

社会サービス分野	広範囲での社会サービスである。家族のカウンセリング、危機管理、麻薬中毒の治療、児童保育、情報と紹介等々。
文化・レクリエーション分野	オーケストラ、美術館、博物館、スポーツクラブ、国際文化交流等々。
業界・職業団体	主に自分達の会員の利益を社会全般より優先させるという点がある。企業との関係が強いか、公的な意味合いが強いかと分けられる。
地域開発・住宅	主に貧困層のために住宅提供を行う組織、高齢者のために住宅改良工事を行う組織等々。
その他	例としては、国際的な救援活動団体があるが、その数は極めて少ない。

出典：Lester M. Salamon, Helmut K. Anheier 著，今田忠監訳『台頭する非営利セクター——12ヵ国の規模・構成・制度・資金源の現状と展望—』（ダイアモンド社、1996年）p. 57の内容に基づき筆者作成。

②　アメリカ社会における非営利セクターの役割

　アメリカの非営利セクターは他の先進国と比べてその規模が最も大きいと言われている。法律に基づく免税資格を持っているNPO団体数は未登録を含め約130万といわれる。税制上、非営利に区分された法人組織のうち70万団体は内国歳入法で、内国歳入庁により、501c3団体と認定され、寄付の所得控除や本来目的にかかる所得免税など優遇措置を受けている[6]。そして、アメリカのNPOの雇用者数から見ると、全国の雇用者数のほぼ7%の人は非営利セクターで働いている。そのうち、サービス業の全雇用者のうちほぼ7人に1人（15.4%）が非営利セクターで働いている[7]。

　そして、アメリカの社会で非営利セクターは実際どんな役割を果

たしているのか、どんな社会的な地位をもつのかについて、9・11
事件を契機として改めて世界から注目を寄せられた。アメリカの非
営利セクターは、この事件でどのように動いていたのかがより明ら
かにされた。レスター・M. サラモンはこのことを以下のように述
べている。

③　非営利セクターの発展要因

　なぜアメリカでは非営利セクターが発達していて、その規模や活
動能力が他の国と比べはるかに優れているのか。その答えは多い
が、ここでは主に3つの要因を挙げたいと思う。

　一つ目は国民性である。アメリカの国民は伝統的に非営利セク
ターに頼ってきたと言える。アメリカは自由を求めてヨーロッパや
他の国から渡ってきた人達で作られた国と言われているように、長
年にわたって、国民の生活と政府との関係を最小限にしよう、国の
政策に縛られたくないという考え方が第一とされる国柄である。つ
まり、NPOの存在は国民の自己責任・個人主義と政府への敵対心と
いう、アメリカ人の特有の価値観の表われとして理解することがで
きる[⑧]。

　二つ目は社会的な要因である。アメリカは何と言っても市場重視
社会である。営利企業はもちろんのこと、政府の場合でも委託契約
を結ぶ際には、社会市場に適合するかどうか、投資する価値がある
かどうか、経済的な利益があるかどうかなどを十分の検討した上で
契約を締結する。特に、社会福祉分野において、政府は限られた最
小限の公的サービスしか提供しないため、民間による公益活動や非

営利活動の場が広がり、多様なニーズに対応して柔軟なサービスを提供できるようになり、それと同時に利用料金の設定も多様化することができる。福祉サービスの提供主体の中には、市民の中から自然に発生した非営利団体もあり、宗教団体から発展してきたボランティア団体もある。社会福祉の提供主体は多種多様であると言えるが、その中で非営利団体が大きな割合を占めている。

　三つ目は法律的に非営利団体の活動を促進させる環境があることを挙げることができる。非営利団体の発展はその国の法的枠組みの影響を受けている。例えば、英米法体系は大陸法体系より、非営利組織の出現と存在を支持する環境を提供していると思われる。英米法体系の国は、市民側に民間団体の結成を固有の権利として認めているのに対して、大陸法体系の国においては、営利団体、非営利団体など様々な組織形態の存在が明示的に法定されなければならないし、実際に活動するには国家の承認が必要となる。したがって、非営利組織を発展させるために、日本よりアメリカの方が法的な環境が整っていると言える[9]。

　④　アメリカの非営利組織の財源

　レスター・M. サラモンがアメリカ全国で行ったアンケート調査によれば、アメリカの非営利組織の主な財源は民間からの寄付なのではなく、政府からの補助金であると示されている。

　一般的な固定観念によると、アメリカの非営利組織の管理運営は民間からの寄付が財源としては最も大きな割合を占めると考えられている。しかしながら、サラモンの調査では、アメリカの非営利の

セクターは地方自治体と同じくらいの役割を果たしていることが判明しただけでなく、病院と大学を除いて、実際に、全国にある非営利の人的サービス組織にとって、最も大きな財源は個人的な寄付ではなく、政府からの補助金であることが明らかにされた。少しデータが古いが、特に、1982年の非営利セクターの38%の収入は、政府から来たものである。そして、60%は政府筋からの何らかの資金提供を受けた。1981年にレーガン政権による大幅な予算削減にもかかわらず、前記の通り、非営利セクターの収入に占める政府資金の比率は高かったのである[10]。

　2番目の主要な資金源は、会費、手数料、サービス料といった収入によるものである。それは30%を占めている。手数料収入はNPO法人にとっても最も多く用いられる財源である。約7割の非営利団体がこのタイプの収入源から資金を調達している。

　対照的に、個人からの寄付は1982年のセクターの全収入の21%を占めるにすぎない。個人的な直接寄付は、政府援助と会費収入と比べるとわずかな割合である。言い換えれば、博愛の寄付は非営利のセクターに関する顕著な特徴であるかもしれないが、資金の主な供給源は政府である。

　アメリカのNPO法人は市民団体である一方、政府との緊密な関係にあることも無視できない。日本とアメリカの国の事情が違うため、アメリカの事例を即座に日本に持ち込むことができないとしても、少なくとも、しばしば主張される日本のNPO法人は、アメリカのNPOのように100%自由な市民団体となり、行政の補助を受けずに

自立すべきだという説はその実体がないのである。

（3）高齢者福祉サービスを担っている非営利セクターの事例

次に、高齢者福祉サービスを担う非営利セクターの具体的な例については、渋川智明の調査を取り上げる。渋川智明はカリフォルニア州サンフランシスコ周辺のNPO 活動調査を行っている。その調査内容を簡単に紹介したいと思う。

カリフォルニア州は多民族、多文化が混在しているため、特有の自由な土地柄である。その環境の中で、サンフランシスコ周辺のNPO 団体は活発な活動や独自の運営を行っている。福祉介護分野のNPOでは、アメリカで8 番目に大きい訪問看護協会がある。本部はカリフォルニア州都のサクラメントに設置されている。訪問看護のほか、北カリフォルニアに28 系列病院とホスピス部門をもち、年間の事業予算は6 千万ドルという大規模な非営利セクターである。このような規模を、日本に当てはめるなら、系列病院を多く持つ医療法人や、あるいは(社) 日本看護協会、（財）日本訪問看護振興財団、社会福祉法人、医療法人などにたとえられるだろう[11]。

毎月、訪問看護を利用している人は約 2 万 5 千人もいる。在宅看護といっても、利用者の中で、病院を退院して、引き続き医療的なサービスを必要とする人が多いため、医療的な側面が強い医療的看護を中心としている。例えば、包帯の取替えや呼吸器のチェックなどをする。訪問看護部門は病院勤務者を除いて、訪問看護士と理学療法士、セラピスト、ソーシャルワーカーなど1000 人以上いる。看

護士は原則的には正規社員で、300人がいる。しかし、高齢化で需要は増えているのに対して、看護婦は高齢化し、人手不足になっているという問題が指摘されている。それを少しでも解消するために、患者宅にビデオモニターを設置し、患者の状態をNPOのパソコンで把握できるように効率化に向けた努力を行っている。

　医療的な側面が強くないホスピス部門については、福祉部門のボランティアに担ってもらえる仕組みとなっている。例えば、話し相手になる人や軽い介護ができる人などを派遣することである。在宅が中心で300人の患者が利用している。在宅の方が医療費も抑制でき、自宅で終末を迎えたいという患者の希望にも沿えるので、経験豊かな約400人のボランティアがマンツーマンでケアをしている。その場合、メディケア、民間保険の対象になり、患者にかかった費用の9割が給付される。

　そして、渋川智明が医療局長のブラッド・スチュワートに尋ねた際、ブラッド・スチュワートは「診療や看護をしている内容は営利企業も非営利団体も変わらない。営利企業は医療保険を持っていない人や低所得者は受け入れない。ここの地域は多民族、多文化が混在している。病気への対処方法や死生観も違うし、医療サービスにオープンな人ばかりできない。そういう人たちに対応するサービスは非営利団体でないとできない」と語っている。また、「営利企業の方が待遇が良いのでは?」との問いには、「そりゃあ、営利企業の方が報酬は良いだろうが、地域の人たちと一緒に医療や看護のプランをじっくりと立てられるし、それがうまくいったときの満足感は

大きいからだ」と答えている。さらに、「医療費抑制のため、メ
ディケアの審査が厳しくなったし、低所得者からは自己負担分も取
れない。財政運営は楽ではないが、地域の皆に支えられ、喜んでも
らえる」と話している[12]。

　アメリカでは、このような大規模の非営利組織もあるが、「草の
根」型の福祉 NPO もある。福祉 NPO の問題点はほぼ同じである。一
つは、資金源の問題である。資金源の大部分は行政と大組織（財
団、大企業など）からの寄付金、補助金、保険金、委託契約金など
で、個人の寄付や会費からの収入が少ないため、行政や大組織への
依存度が高くなる。このため NPO の独立性に影響があると言われて
いる。独自の資金捻出ができない NPO は公的資金に依存し、行政の
代替機関になり独立的な運営ができていないなどの問題が発生す
る。また、福祉介護分野の NPO にとって、本来、NPO が得意として
きた分野の市場が巨大化し、営利企業が医療・福祉の分野に急激に
進出し、NPO が営利企業に吸収されるという事態も起こっている。

　しかし、営利企業や行政との交流が活発で、NPO が奉仕的な分野
に孤立せず、ビジネスとして活動できるため、若く優秀な人材が集
まっているということは日本の NPO の今後の発展に大きな示唆を与
えているように思われる。

2. 中国蘇州市高齢者介護の現状

（1）蘇州市高齢者福祉の現状

　近年、江蘇省蘇州市は中国国内でも有名な大都市の1つとなったため、外来流動人口と外来居住人口がとても多い。また、蘇州市人口統計年報によると、2010年末、蘇州市市内の長期居住人口は630万人を超えていた。さらに、蘇州市が管轄している五つの県市（张家港市、常熟市、太仓市、昆山市、吴江市）を含めた全市の総人口は約1240万人に達していた。江蘇省内の半数以上を占めていた。また、資料によると、2009年9月までに蘇州市内の高齢者人口は約121万人であって、市人口の19.2%を占めていた。2020年までには高齢者人数は180万人に達し、市人口の26.4%に達すると予測されている。しかし、今回の調査によると、蘇州市内の高齢者率が高いところではもうすでに26%以上に達していることが分かった。高齢化問題は今や顕著となっている。その中で、特に、高齢者の看護、介護問題は重視されている。

　2012年2月、蘇州市滄浪区民政局の陸明副局長を訪ねた時、陸明副局長は次のように述べていた。

　陸明：蘇州の高齢者問題はたくさんあって、さまざまである。例えば、50年代に建てられた建物は古く高齢者介護にとっては適切な居住環境ではない場合が多い。区政府はいろんな方法で建物を改造したり、周りの居住環境を改善したりしている。このような対応については、とても、評判が良かった。また、退職金がない、生活

収入がない高齢者達を把握して、できるだけ早く蘇州市の生活保障金をもらえるようにする。そして、最低生活保障金を受けている人達にはできるだけ一般的な社会保障に入らせるように努力する。そうすると、高齢者が自由にできる金額が増え、心理的な障害がなしに買い物ができるようになり、自分の意志で高齢者向けのサービスを選べるようになる。

（2）蘇州市滄浪区の高齢者福祉の現状

　そして、福祉施設の現状について訪ねた時、陸明副局長は以下のように述べていた。

　陸明：蘇州市滄浪区の高齢者率は現在約 20％である。しかも、調査によると、現在、滄浪区において、50 歳から60 歳の人数はとても多い、つまり、5 年後の高齢者数はさらに増える。2015 年までには、蘇州市の高齢者人口は約 155 万人に達すると予測している。だから、高齢者の老後生活、特に、老後看護・介護を政府はとても重視しており、高齢者介護施設の増設に力を入れている。今、高齢者自身の望みとしては、伝統的な考え方の影響で約 90％の高齢者は自宅での介護を望んでいる。6％の高齢者は自宅介護を基本として、施設の介護サービスを補助とするような形を選びたいと望んでいる。4％の高齢者は施設での老後看護生活を送りたいと考えている。しかし、夫婦共働き、一人子政策、都市に流動する若者が増える等の原因で、いざとなると高齢者は施設介護に頼らざるを得ない現状である。さらに、社会環境の変化とともに高齢者の考え方も柔軟になりつつあるため、高齢者看護・介護の多様化、介護施設の増設はさらに進むと思われる。高齢者看護・介護や介護施設の増設は「夕陽の事業、朝陽の産業」とよく言われている。

　今回の調査によると、蘇州市内ではベッド数が500 以上の大型高齢者介護施設が建設されていることが分かった。その中の一番高級と言われるようなT 施設はすでに予約満員でキャンセル待ち状態であ

ると聞いた。これを陸明副局長に話した時、次のように述べていた。

　陸明：その通りです。なぜなら、以前、50年代や60年代で建てられた福利施設（児童と高齢者を受け入れる施設）は規模が小さいし、現在の生活環境にはあまり合わない。政府指導の市立福利施設は受け入れる人数が限られている。また、今の蘇州は市外からの転入者の多い都市であるため、高齢者の生活状況も変わり、ニーズもさまざまである。今、ニーズに合った介護施設はまだまだ足りないし、これを政府のみでは解決できない。だから、民間の力を借りなければならない。例えば、企業、社会団体、非営利組織などである。これによって、新しい発想ややり方を取り入れることができる。高齢者にとっても選択内容が増え、選択範囲が広がる。とても良いことである。我々、滄浪区政府としてはとても歓迎し、政策面でも積極的に応援するようにしている。ただ、他の区では事情が違うかもしれない。例えば、蘇州の高新区では、この部分をまだ民間には開放していない。

　今回の調査を通して、上海でも社会福利事業や高齢者介護事業を行っている民間の自発的な非営利組織の活動が急増し、活発に動いていると感じた。さらに、一般企業は高齢者事業に注目しつつ、社会貢献度の高い介護専門性のある非営利組織との交流や協働事業を行うことを考えている。実際に、取り組んでいるところもある。企業にとっては、「代表者の社会的な責任感が強く、将来性のある非営利組織」との協働事業を行うことによって、社会貢献に熱心な企業であることをアピールできるし、非営利組織にとっては、企業の経験を自身の問題解決に役に立てることができる一石二鳥の展開となる。したがって、政府との関わりを保ちながら、一般企業や民間の様々なボランティア団体と密着した協働活動を推進することは、今後、中国の高齢者介護における非営利組織のあり方かもしれない。

企業との協調・協働を志向する中国の非営利組織の動きは、日本の地域密着型の高齢者福祉 NPO 法人と比べると、かなり様相を異にしているようである。

（3）蘇州市社会福利院の事例

　蘇州市虎丘区にある蘇州市社会福利院は市立高齢者介護施設と市立障害者児童施設を運営している。面積は24,000m^{2}である。蘇州市社会福利院のホームページの紹介によると、蘇州市社会福利院は清朝康熙49年（1710年）に普済堂という名前で建てられた施設に由来している。主に、家を失っている高齢者、子供のない高齢者、生活収入のない高齢者、高齢者障害者、児童障害者などを受け入れている。近年、蘇州市政府の努力と積極的な海外との交流の結果、何十人のグループホームや老人ホーム、介護付き老人賃貸住宅、介護職員の職業教育機構、児童障害者教育機構など様々な機能を増設してきた。それでも、蘇州市社会福利院では受け入れる入居者数に限界があり、入居するニーズには全部応えられていない。しかし、介護職員の職業教育や施設サービスの改善のやり方や管理者へのサポート、また、蘇州市全体の介護サービスの質の改善においては重要な役割を果たしている。

　以下、いくつの写真を通して、紹介したいと思う。

図Ⅵ-1　蘇州市社会福利院の大ホームと大ホームの一角

図Ⅵ-2　大ホームで中国将棋を楽しんでいる利用者達

図VI-3　敷地内で移動用の電動自動車

図VI-4　利用者が親しんでいる蘇州園林風の中庭

図VI-5　老人看護だけでなく、心のケアやリハビリなども重視する

　以上のように、市立の蘇州市社会福利院は高齢者看護・介護に関する様々なサービスを行っている。しかし、市内にあるすべての高齢者のニーズに応えられていない。一方、私立の福利院は数的に、質的にまだまだ初動期状態である。

　一方、ボランティア精神を持っている蘇州市市民は少なくない。組織されたボランティア活動に参加すれば、その回数と内容によって点数がボランティアカードにたまり、その点数が金額に換算され指定されるところで消費することができるという面白いシステムが始まった。その環境の中で、高齢者福祉における社会貢献度の高い非営利組織団体の参入は大きく期待されると考える。

注

①http：//www. clair. or. jp/j/forum/c_ report/pdf/347. pdf

②渋川智明『福祉 NPO』（岩波新書、2001 年）　121 頁。

③http：//www. clair. or. jp/j/forum/c_ report/pdf/347. pdf

④マサミ・コバヤシ・ウィーズナー『シニアが活かすアメリカの
　NPO』（株式会社現代書館、2002 年）78 頁。

⑤Lester M. Salamon，Helmut K. Anheier 著，今田忠監訳『台頭する非営
　利セクター――12ヵ国の規模・構成・制度・資金源の現状と展望―』
　（ダイアモンド社、1996 年）57 頁。

⑥渋川注（2）、前掲書、121 頁。

⑦Lester M. Salamon，Helmut K. Anheier 注（5）、前掲書、44~45 頁。

⑧Lester M. Salamon，Helmut K. Anheier 注（5）、前掲書、130 頁。

⑨Lester M. Salamon，Helmut K. Anheier 注（5）、前揭書、16 頁。

⑩Lester M. Salamon，*Partners in public service：government−nonprofit rela-tions in the modern welfare state*，Johns Hopkins University Press. 1995，p. 63

⑪渋川注（2）、前揭書、121 頁

⑫渋川注（2）、前揭書、127 頁

Ⅶ　今後の高齢者福祉 NPOの望ましい姿

　本章は、これまでの章の記述を踏まえて全体の総括を行う部分であり、高齢者福祉 NPOの現場に軸足を置いて筆者が実施した実態調査などの結果から読み取れる含意を明らかにし、その理論的な整理を行う。特に介護保険制度に支えられながら新たな可能性を模索する高齢者福祉 NPOの現場の動きが制度や規範に取り入れられるプロセスを中心に高齢者福祉 NPOの位置づけや役割を理解するための理論的な枠組みの構築を試みる。

1. 高齢者福祉 NPOの特徴

　高齢者福祉 NPOは利用者の様々なニーズに対応しながら、柔軟な介護サービスを提供していると同時に、それぞれの地域文化に合った交流活動を積極的に行っている。このように、介護サービスを提供しながら、地域福祉や地域活性化に貢献を果たしていることは、高齢者福祉 NPOが「草の根」のように地域に根をおろし、住民との

信頼関係を築いてきたこれまでの積み重ねの結果である。高齢者一人一人の生活習慣が違うため、高齢者に対するサービスはそれぞれに合わせて柔軟な対応が必要である。したがって、単に規模の大きさや利用者とスタッフ人数の多さなどの数字のみの比較では十分に把握できないと考えられる。良質の介護サービスを確保するために、高齢者福祉 NPO は実際にどのような役割を果たしているのかという問題を実態調査を通して明らかにするために研究を進めてきた。

（1）調査内容の比較

まず、はじめに各施設の事業内容について比較することとしたい。

NPO 法人である「通い処愛和」、「あやの里」、「おーさぁ」が提供している介護サービスは、主に介護保険制度に沿った、デイサービス、グループホーム、ヘルパーステーション、小規模多機能居宅介護サービスなどの地域に密着した介護サービスである。これらは社会福祉法人、医療法人などが行う施設サービスと違って、介護保険制度における居宅サービスの範疇となる。整理すると以下のとおりとなる（表Ⅶ-1、表Ⅶ-2、表Ⅶ-3 参照）。

表Ⅶ-1：介護事業における3つの担い手の比較

	社会福祉法人	企業法人	高齢者福祉 NPO
具体的な例	「記水ナーシングホーム」	「ぽぽろ」	「通い処愛和」 「あやの里」 「おーさぁ」
介護事業	施設サービス+居宅サービス	居宅サービス	居宅サービス

続表

	社会福祉法人	企業法人	高齢者福祉 NPO
特徴	1. 利用者数が数百人に及ぶ大規模施設。 2. 今でも介護サービスの主な担い手である。 3. 介護サービスの提供年数は長い。	1. 利用者数は社会福祉法人ほど多くないが、NPO 法人よりやや多めである。 2. 有料老人ホームや介護用品の開発販売などの収益性の高い介護事業に積極的に取り込む。	1. 利用者数は社会福祉法人ほど多くない、平均規模は百人以下である。 2. 介護サービスの柔軟性を持つ新たな担い手である。 3. 法人自体は介護サービスの提供年数が短い。
問題点	1. 国、地方自治体との関係が強いため、国、行政の下請け機関というマイナス面での不信感がある。 2. 組織、規模も大きく、利用者数も多いため、サービスの柔軟性が欠けているという批判がある。	採算性の低い事業には取り組み難い。	1. 規模拡大の難しさ。 2. スタッフ教育の難しさ。 3. 資金確保の困難

出典：筆者作成

表Ⅶ-2：高齢者福祉 NPO と企業法人の比較

	高齢者福祉 NPO			企業法人
	「通い処愛和」	「あやの里」	「おーさぁ」	「ぽぽろ」
介護居宅サービスの内容	認知症対応型デイサービス	1. 居宅介護事業所 2. デイサービス 3. グループホーム 4. 有料老人ホーム 5. ヘルパーステーション	1. デイサービス 2. 小規模多機能介護 3. 障害者日中一時支援介護	デイサービス

続表

	高齢者福祉 NPO			企業法人
	「通い処愛和」	「あやの里」	「おーさぁ」	「ぽぽろ」
設立のきっかけ	NPO 法と介護保険法の実施	NPO 法と介護保険法の実施	県のモデル事業の公募に当選したため	介護保険制度の実施
利用者総数	約 13 名	約 140 人	約 29 人	約 35 人
利用者の要介護度	平均約 2.5 度	平均約 4 度	平均約 3.5 度	平均 1.5 度
職員総数	約 9 名	約 55 名	約 50 名	約 20 名
面積	約 400m^2	約 3000m^2	約 1000m^2	約 400m^2
規模	中	大	大	中

出典：聞き取り調査をもとに筆者作成

＊通い処愛和は昨年（2012 年）に小規模多機能型居宅介護事業所を申請し認められたため、2013 年 3 月に小規模多機能型居宅介護事業を追加する予定である。

表Ⅶ-3：各高齢者福祉 NPO の特徴、問題点とそれらの共通点

「通い処愛和」	
特徴	問題点
1. 認知症対応デイサービスに重点を置く。 2. 施設は民家風の一戸建てである。 3. 利用者中断率は低い、スタッフと利用者の間に密着した関係を築いている。	1. スタッフ教育と給料の向上 2. 規模拡大とともに組織力の向上
「あやの里」	
特徴	問題点

続表

1. 認知症対応サービスを重心にしている。 2. 代表者は高齢者認知症の対応方法における豊富な経験やノウハウを持ち、他の施設の見本や新人教育の場所となっている。 3. 機能やサービス内容によって、それぞれ一戸建てにした施設である。各棟の間に、独立かつ協働的に運営されている。 4. 利用者とスタッフ数合わせて200人ぐらいのため、熊本の高齢者福祉 NPO において、規模は大きいと言える。	1. スタッフ教育、人材確保とともに給料の向上。 2. 介護保険制度枠内と枠外のサービスのバランスを取るのが難しい。 3. 地域活動にどのように貢献すれば良いのか模索中である。

「おーさぁ」

特徴	問題点
1. 高齢者介護サービスと地域づくり活動を車の両輪で運営している。 2. 地域づくりにおける経験やノウハウを持ち、熊本県のトップリーダーである。	1. 高齢者介護サービスと地域づくり活動、両方を偏りなくバランス取るのが難しい。 2. 規模が大きいため、資金力の向上は難しい。

共通点
1. 社会的な責任感・使命感を強く持っている。
2. 各施設の管理者やスタッフは高齢者認知症の進展を背景に認知症対応の重要性を認識している。
3. 他の高齢者福祉や機関や様々な関係者とネットワークづくりに力を入れている。
4. 施設の利用者はほぼ熊本市の市民である。

出典：聞き取り調査をもとに筆者作成

（2）質の良い介護サービスへの貢献

　利用者とその家族や地域住民などの多様なニーズを受け止めて、それを適切に個々のケアプラン内容と絡み合う介護サービスを提供している高齢者福祉 NPO は、高齢者福祉・介護分野においてどんな

存在意義を持つのかを検討するために、a. NPOの専門領域である認知症介護サービスb. 利用者本位介護サービスc. 利用者とその家族との緊密な信頼関係、主にこの3点に注目したいと思う。

①　NPOの専門領域である認知症介護サービス

「通い処愛和」、「あやの里」、「おーさぁ」この3か所の利用者は約8割以上認知症後期高齢者である。そのため、高齢者認知症対策に力を入れていることが分かった。例えば、認知症対応デイサービスを行っている「通い処愛和」は、日常活動の中で利用者に分かりやすくするために、簡単な言葉や会話を繰り返し使っている。「あやの里」は、認知症対応の機能訓練と日常運動を細かに導入している。また、毎月2回以上スタッフ教育の一環として認知症対策研修会を開くことによって、スタッフがより深くかつ全面的に認知症を把握でき、独自の対策方法を導き出し実践している。「おーさぁ」は、大学の教員や病院の医師などの専門家を招いて、他の施設の職員達と一緒に研究会を積極的に行い、地域縁がわづくりと認知症改善対策を融合できる道を模索している。

「さらにね、今、若年認知症が増えているから、認知症対策においてはまだまだたくさん課題を残しているのですね」という「あやの里」の代表の言葉が認知症対策の重要性をより明確に示している。

各NPO法人はそれぞれの特徴にあった認知症対策に取り組んできた。今まで大きな介護事故、紛争、訴訟や処分はなかったし、利用者とその家族からのクレームもあまりなかったことが調査の結果、

分かった。認知症高齢者に対応する介護サービスによる経験やノウハウを積み重ねることによって、高齢者福祉NPOの専門性をより一層高め、高齢者福祉NPOの存在意義を示しつつあるようである。

②　利用者本位介護サービス

　質の良い介護サービスを提供するためには、利用者の生活習慣や特徴、自己決定の権利を尊重しなければならない。NPO法人は利用者を単に収入を増やすための顧客としてではなく、ともに生活していく仲間であるという基本的な姿勢を持っている。その利用者本位の視点から生まれた介護サービスこそ高齢者に喜ばれる質の高い介護サービスにつながっていくのである。

　「通い処愛和」は、利用者の都合によって昼の時間に食べることの出来なかった食事を保管して、午後にもう一度提供してみたりしており、利用者にとってわが家のような環境づくりを工夫している。特に、印象に残ったのは2日間で食事をほとんど取れなかったHさんの場合、「通い処愛和」の管理者市原氏がHさんの以前の仕事環境と現在の生活環境を検討して解決策を探し出し、悩んだ末に、カップラーメンを買ってきたらHさんが食べだしたということである。「すごく心配でしたよ。何か食べたいものがあるかと聞いても、言わなかったし。Hさんは夜に仕事をしていたのでつまみ食いが好きなようで、まず食欲を引き出そうと思ってね、カップラーメンはどうかなぁと思って、買ってきたら大当たりでした」と市原氏は嬉しそうに語ってくれた。

　「あやの里」は、グループホームに入居している利用者の不安を

少しでも緩和するために、利用者の家族を招いて、毎月一回の家族会を開いている。また、利用者が社会や地域から孤立しないように、積極的に外部からのボランティアや、地域ふれあい活動を取り入れている。「大きなイベントを行った後、私達スタッフはほんとにへとへとでしたよ。でも、利用者達の生き生きした姿と笑顔を見ると、とてもやりがいを感じますね。また、今度やろうねって思います」と職員が語ってくれた。

　このように、介護保険制度で定めた介護サービス（入浴・排泄・食事・機能訓練など）はもちろん、それ以上に、NPOにおいては、利用者のことを思い、心の不安を正面から受け止め、生活習慣を尊重した、きめ細かなサービスは数えきれないほど多かった。利用者本位の介護こそが質の良い介護サービスの原点であると高齢者福祉NPOの取り組みから教えられた。

　③　利用者とその家族との緊密な信頼関係

　以上のように、高齢者福祉NPOは利用者本位の介護サービスを提供しているから利用者とその家族との緊密な信頼関係を築くことができている。例えば、送迎のスタッフは利用者の家の鍵を預かっているし、スタッフ、施設長、代表と家族の間の通信、落ち着いた利用者の姿などから、施設と利用者の間の緊密な信頼関係を強く感じることができた。

　利用者本位を指向する柔軟できめ細かな対応を目指す高齢者福祉NPOは介護サービスの質を向上させるために効果をあげている。福祉・介護の多様化、サービス提供者の多元化の重要性を裏付ける重

要な発見である

（3）　高齢者福祉 NPO の強さ

①　高齢者福祉 NPO の施設長の特質

　今回の調査の最大の成果は高齢者福祉 NPO の施設長や職員などの
スタッフの具体的な行動とその考え方を描き出すことができた点に
ある。職員は決して介護保険の一つの歯車として機械的・他律的に
仕事に取組んでいるのではなかった。むしろ、職員は自らの意思と
感情をしっかりと持ちながら、利用者のために最高のサービスを提
供するという理念を実現するために力を尽くしていた。そして、ス
タッフのこのような努力は利用者や家族から高く評価されていた。

　営利組織に比べ非営利組織である高齢者福祉 NPO を運営していく
ことは容易なことではない。介護保険制度によって、組織の収入と
支出は大体決められてしまう。外来の受付や事務的な手続きや提出
資料作りといった間接部門の作業は重要かつ不可欠である反面、こ
ういった間接部門にかかる人件費やコストは介護報酬に含まれてい
ない。そのため、間接部門の支出は抑えざるを得ない。NPO 組織に
とって間接部門は必要だが、実際に、その部門の仕事のほとんどを
施設長であるリーダーが背負っている。例えば、「通い処愛和」の
場合は管理者市原氏は利用者全員分の報告資料を毎月末に徹夜で
作っている。「あやの里」の場合は、事務職員 2 名を確保している
が、パートタイムの交代で時々介護職員の補助役もしている。
「おーさぁ」は地域縁がわづくり事業と介護事業を両輪で行っている

ため間接部分はほとんどないと言えるが、地域縁がわづくり事業に関する人員配置はやはり最小限に抑えている。「おーさぁ」の所長はその2つの事業を管理しながら経営面のことを考えなければならない。高齢者福祉NPOの施設長①は多くの役割を同時に果たしていて、その組織の大黒柱と言える。

　佐藤郁哉と山田真茂留は「組織を動かす見えない力」としての組織文化に着目している。今回の調査でも各施設が組織文化の形成と強化に努めている姿を観察することができた。そのような組織文化の形成にあたってリーダーとしての施設長の果たす役割は大きい。観察やインタビューを通して、施設長が自らの思いや夢を他のスタッフに語りかけるのを何回も見ることができた。その意味で今回の観察調査とインタビューには大きな意味があったように思う。

　そして、ミンツバーグは、現実のマネジャーの仕事はファヨールに代表される古典的な管理学派のフレームでは捉えきれないことを指摘し、実際のマネジャーの行動を細かく観察することによって、実際のマネジャーの果たしている役割や機能を明らかにした。ミンツバーグはマネジャーの役割を10の機能に分類している②。今回の現場観察でも各施設長がミンツバーグの分類した10のマネジャーの役割のすべてを担っていることを明らかにすることができた。

　高齢者福祉NPOを企業と比べると、高齢者福祉NPOの施設長は企業のマネジャーと対比することが出来る。企業のマネジャーやマネジメントなどに関する研究は少なくないが、「マネジャーやリーダーがなにをしているのかという基本的なことが分かっていない」とへ

ンリー・ミンツバーグは指摘している。なぜ、このようなことが起こるのか、ヘンリー・ミンツバーグは以下のように分析している。「その原因として、二通の可能性を考えてみよう。一つは、原始社会と同じように、私たちは自分たちの崇拝する神や神話を恐れており、マネジメントとリーダーシップが私たちにとっての神や神話にほかならないという可能性だ。マネジャーやリーダーの本当の姿を明らかにすれば、『王様は裸だ』と指摘し、自分たち自身をも丸裸にする結果を招きかねないと、私たちは無意識に恐れているのかもしれない。『リーダーシップ』について書かれた文献はうんざりするほどあるが、そうした文献では、日々のマネジメントの現実についてほとんど触れていない。一方、スネ・カールソンは1951年の著書で、もう一つの可能性を指摘している。カールソンに言われば、マネジャーの行動は『応用科学というより実践の職人芸』の性格が強く、『きわめて多様で、とらえどころがない』。そうだとすれば、確かに理論化するのは難しい。…特定のマネジャーのやっていることを具体的に描写する以外に、マネジャーの仕事の内容を一般論的に理論化することなど、到底無理に思えてくる③」。

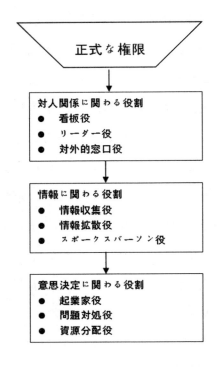

図Ⅶ-1：ミンツバーグによるマネジャーの役割

出典：ヘンリー・ミンツバーグ『マネジャーの実像―「管理職」はなぜ仕事に追われているのか―』（池村千秋訳）、（日経 BP 社、2011 年）66 頁

　以上の事情は、高齢者福祉 NPO の場合も同じである。NPO に関するマネジメントやリーダーシップ論などの研究はたくさんあるが、NPO のマネジャーである施設長が日々どんな仕事をしているのか、その特徴や特質は不明瞭なままである。しかし、これまでに述べてきたように、NPO のリーダーである施設長はその組織の大黒柱であり、特に、小規模・地域密着型の高齢者福祉 NPO にとって施設長は外部への情報発信を行うとともに、組織の内部、組織の精神面も支

える重要な役割を果たしている。

　一般的に理論化することは困難かもしれないが、高齢者福祉NPO
を理解するために、そして、今後さらなる発展のために、NPOの
リーダーシップに関する研究は不可欠であると考えられる。以下、
今回の調査で明らかとなったリーダーとしてのマネジャーの特質を
まとめておくことにする。

　ⅰ　キャリアの長さ

　第一に、キャリアの長さである。各NPOのリーダーはNPOを設立
する前に高齢者福祉・介護の分野の仕事を長年携わってきた（表
Ⅶ-4参照）。その結果、豊富な経験を積み重ねて、それぞれのオリ
ジナルな理念や理論を持っている。これまでの経験から介護の問題
と限界を痛いほど感じ、そこから高い問題意識が育ちつつある。

表Ⅶ-4：各施設長のキャリアの長さ

各施設長	キャリア
「通い処愛和」の管理者市原氏	10年間社会福祉法人で管理栄養士として勤めていた。
「あやの里」の代表岡元氏	30年間社会福祉法人や福祉事業団などで介護現場と介護政策などを担当していた。
「おーさぁ」の所長宮川氏	30年間社会福祉法人や福祉協議会などで介護政策などを担当していた。

出典：筆者作成

　ⅱ　強い使命感

　高齢者福祉NPOの施設長は明確な問題意識から介護の質を向上す
るために様々な革新しなければならないという強い使命感を持って

いる。そして、施設長たちは豊富な経験と理論を実践する場として、営利会社ではなく、非営利組織 NPO という型式を選んだのである。それについて、「あやの里」の代表岡元氏は以下のように語ってくれた。

　岡元：　特別養護老人ホームで生活養護の課長をしていた時に熊本市や厚生労働省に陳情書を出したの。30 年、40 年前、当時、特別養護老人ホームは暗いし、グレーの世界でしたよ。おばあちゃんの表情もないし、笑わないし、しゃべらないし。そして、ベッドでトイレするでしょう、ベッドで食事でしょう、一日中ベッドでしょう。だから、それを見て、「goodbye ベッド」という企画を出したの。トイレの時は便所に連れて行こうとか、食事の時はベッドの上じゃなくて、できるだけ降りてテーブルに座ってもらおうとかという goodbye ベッドキャンペーンをしたんです。

　岡元氏の話によれば、介護保険制度ができる前にも、国や県などが、いろいろ改善策や公的施設の整備などと次々に取り組んでいた。しかし、質の良いサービスづくりにおいては、まだまだ不十分であったということである。そして、岡元氏はまた以下のように語ってくれた。

　岡元：　以前、たくさんの介護職員の育成をしてきたんですので、高い学歴よりは思いやり精神とか、粘り強さとか、温かい感情とかを持たないと介護職はとても務まらないんですね。介護保険制度ができて、医療法人、社会福祉法人ではなくでも、NPO でも、株式会社でも、誰でも、参入できるようになってきて、そして、サービスの質の競争をさせようというのがとても大事ですね。

　「通い処愛和」の管理者市原氏は以前の仕事を辞めて、なぜ独立したのかについて以下のように語ってくれた。

　市原：　もともとは、他の大きな施設で働いていたんです。（私は）栄養士という

資格を取っていたので、社会福祉法人という施設に介護職員と生活相談員として、10年間務めていました。当時、介護をしていて疑問になったところがいっぱいありました。そのままでいいなのかと思ったりしますね。例えば、入居利用者の外出は年に一回があるかないかといった状況でした。そして、その施設でケアマネージャーという仕事をしていた時に、NPOを設立すればデイサービスをやることができるということを知り、ちょうどその時に、実家に使っていない一軒家があって、それを利用して、従来の介護の仕方じゃなくで、自分が思ったもっと良い介護サービスをしようと考えて、今の愛和を立ち上げたのです。そして、一般的な通所介護もちろん良かったんですけど、認知症対応の方をやりたかった。また、もともとこういう物件だったので、一般の方でいろんなことを望まれる方というよりは、民間の中で、家庭的なお付き合いができる、人と人との付き合いができる方がいいと思って、この地域密着型の認知症対応通所介護を選んだのですね。

　市原：　　立ち上げる当初、社会貢献の面では、会社にしてしまうよりもNPOのほうが柔らかいじゃないですか、また、ボランティア活動を通して、地域に入っていきやすい、協力を得やすいかなあと思います。ウチの特徴で、NPOであるため、その大きく金儲けとか利益を生むとかいう方針じゃないです。なので、必要な時に必要な量のサービスができるようにという準備だけはしておこうと思っているのです。

ⅲ　マネジメント能力

　高齢者福祉NPOのリーダーはこのような理念や使命感を持ちながら、実践的にリーダーシップを発揮しなければならない。その方法は実にユニークで、近年、一般的な企業でも注目されている。つまり、利用者とふれあい、利用者に直接介護サービスを提供しているのは介護職員である。介護職員の仕事を通して、リーダーの理念や使命感を体現するため、NPOのリーダーはそのやり方や理念を上から一方的に押し込むのではなく、理念に共感してもらい、職員が自

発的に動くように仕向ける。

　高齢者福祉 NPO において、そのリーダーと介護職員の関係はタテ・ヨコの関係④を同時に示していて実に複雑であると言われているが、本質的にはやはり仲間であり、質の良い介護サービスを実現できるパートナーの関係であると感じた。介護現場の問題意識を介護職員とリーダーの間で共有し、使命感を共有した上、介護職員が自動的・自発的に組織の理念を受け継ぎ、利用者本位の柔軟な介護サービスを提供できるようになっていくのである。

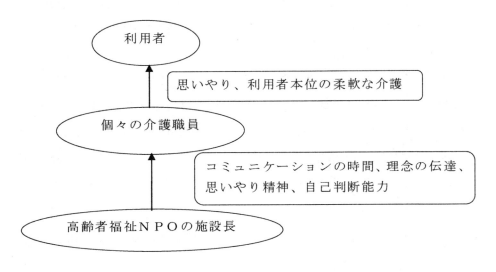

図Ⅶ-2：高齢者福祉 NPO の施設長のマネジメント

出典：筆者作成

② 　小規模のメリット

　高齢者福祉 NPO は社会福祉法人や医療法人や私立の大型施設などと比べて、その規模は大きくない。「通い処愛和」は、最初デイ

サービスからスタートし、2013年3月には小規模多機能居宅介護事業所が新築される予定であり、その後は施設規模の拡大はないと思われる。「それ以上ね、社会福祉法人や企業などのような何百人の大規模施設になろうとは思っていない」と施設長は語っていた。100人以上の規模を持つ「あやの里」も同じの考え方である。「代表はね、利用者の様子を自分の目で確かめて、利用者の1人1人には平等に十分なケアをしてほしいという願いがあって、それ以上増やすとこのやり方ではできなくなりますから、あまり大きくなろうと考えていない」と「あやの里」の副代表は語っていた。「おーさぁ」は、もともと県営団地の一階のスペースを活用し介護事業と地域縁がわ事業を両方同時に進めてきた。現在は地域縁がわ事業の利益はほとんどなく、介護事業の収益から補充しているのが実情である。そして、その状況がさらに悪化すると全体的なバランスを崩してしまうという危機感を持っている所長は「地域縁がわ事業の収益をどうすれば増やせるかを考えないといけないし、また、どこかでね、広い場所に介護事業を移動してその規模を拡大したいなぁと考えているところですね」と語ってくれた。

　したがって、高齢者福祉NPOの規模は大きくないが、それこそが利用者の多様なニーズに迅速に対応できる一つの原因かもしれない。NPOの特徴を確保し発揮するために、安易に規模を拡大しないという方向性は共通している。

　③　ネットワークづくりによる「草の根」のスタイル

　高齢者福祉NPOの規模は小さい反面、地域に密着した「草の根」

の地域活動を積極的に行っている。高齢者福祉NPOの特色のもう一つ大きなポイントは横のつながりと言える。すなわち、それぞれのNPOが構築したネットワークが大きな成果をあげてきたのである。実際に、各施設長の日頃の活発な活動に同行させてもらい、密着取材を試みた。その結果、施設長の活動によって高齢者福祉NPOは、実際に、様々な関係者との協働ネットワークを築いていることが明らかとなった。この点について図表を用いて、さらに明らかにしてみたいと思う。

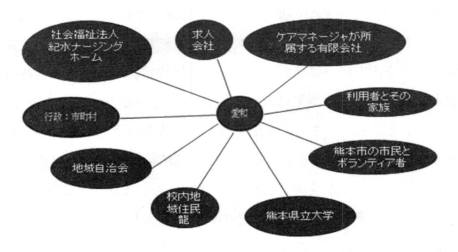

図Ⅶ-3：「通い処愛和」の協働ネットワークづくり

出典：筆者作成

　「通い処愛和」が関係している地域の主体は上図のとおりである。行政、企業、市民団体、住民など実に様々なつながりを持っていることがよく分かる。そして、実際に調査を進めていくにつれて、各高齢者福祉NPOの活動によって今回の調査対象のすべて施設が繋

がっていることが分かった。関係を図示すると、以下の通りとなる。

　今回、調査をした、それぞれの施設は研修を通して、あるいは個別のアドバイスなどを通して、互いに緊密な協力関係を築いており、それぞれの事業活動を支える大きな力となっていたのである。この発見は高齢者福祉NPOにおける協働ネットワークづくりの重要性を裏付ける一つの証拠と言うことができる。

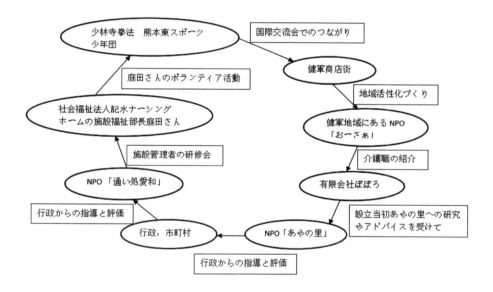

図Ⅶ-4：調査対象4者の間のネットワーク

出典：筆者作成

2. 高齢者福祉NPOのあり方

　今回の調査で明らかとなった最も重要な点は、公的制度を介して密接に関わりを持つ行政、企業、NPOの相互の位置づけと役割、そ

して高齢者福祉 NPOの果たしている役割とその可能性である。

　介護保険のような法律を根拠とする公的制度は持続可能で安定したサービス提供の核となる。介護保険制度の創設によって、様々なサービスを継続的に供給できるようになった。しかし、公的制度は土台とはなり得ても、それだけでは多様化する一方の介護ニーズに柔軟に対応することはできない。公平・平等を前提とする公的サービスでは細かいところまでは配慮できない。また、社会福祉法人や企業によるサービスでは、より細かいニーズに対応することはできるが、その規模の大きさから、採算性や効率性を優先せざるを得ず、採算性の低いサービスに手を出すことは難しい。しかし、多様化する介護ニーズの中には、公的サービスや社会福祉法人によるサービスでは、その隙間をすり抜けてしまうものも当然のことながら多くなる。そのようなニーズにきめ細かく対応しているのが小規模な NPOを主体とする施設であった。それらの施設は利用者本位のサービス提供を志向し、行政や企業などが対応できないようなきめ細かなサービスを提供していた。さらに介護保険の枠外の「地域縁側づくり」など地域とのつながりを模索する事業にも取組んでいた。

　高齢者福祉 NPOは、介護保険制度からの介護報酬という安定的な財政基盤を得ることによって、NPOとしての独自サービスに取組む余裕が生まれた。もちろん各施設の経営は決して楽とは言えないが、他の分野のNPOよりは、はるかに恵まれた持続可能な事業の展開が可能となる状況が生み出されているようである。

　日本では国や自治体がパターナリスティックな観点から国民と係

わることが多く、しかも戦後は西欧型の福祉国家を志向していたこともあり、ともすれば、行政の提供する福祉サービスに注目が集まり、NPOなどの主体が育ってこなかったことが指摘されている。

　しかし、社会の少子高齢化、財政の悪化、住民ニーズの多様化などの変化が進むに伴って、福祉サービスのすべてを行政で担うことは現実には難しなってきている。最近、各方面で「新しい公共」という言葉が使われるようになってきたが、上記の変化に対応する一つの考え方であると言える。高齢者福祉の分野でも、「新しい公共」で強調される行政と企業・NPOなどとの協働・連携は不可欠の要素となりつつある。今回の調査で取り上げた各施設の事業内容も公的制度とNPO・企業との協働の具体的な取り組みという位置づけが可能である。

　アメリカでは、公的社会保障制度が未整備なため、あるいは政府に対する伝統的な不信感が国民の間に根強くあるため、またキリスト教による慈善の伝統があるためなど、様々な理由に基づいてNPOが発展してきた歴史がある。現在のアメリカでは、第Ⅵ章で触れたように政府からの補助金などの公的支援は相当な額に上るが、プログラムや事業の組み立てや実施はNPOに任せてしまうことも多い。したがって、どうしてもNPOが前面に出てきて目立つことになる。

　これに対して、日本では公的な制度、そして行政組織がどうしても前面に出てくるため、NPOの影は薄くなってしまう傾向が認められる。このような状況では、NPOは公的な社会保障や社会保険の制度を補完する役割、もっと極端に言えば、行政の安上がりの下請け扱いを受け

ることになる。しかし、高齢化の進展、介護ニーズの多様化、細分化などが進んだ結果、もはや行政や公的な制度だけで、それらのニーズをカバーできなくなってきている。実はそこに高齢者福祉NPOの存在意義と役割があることがこの調査を通して明らかとなった。

　高齢者福祉・介護サービスを届けるスキームを考えると、介護保険と認定事業者が大きな役割を果たしていることが分かる。まず、社会保険としての介護保険が基本的サービスの内容と保険給付の仕組みを形作り、実際のサービスは採算性や効率性の高いものは認定事業者である社会福祉法人や企業などが担当し、そこから漏れ出す細かい個別対応が必要なニーズに対しては認定事業者の高齢者福祉NPOが分担するという役割分担の図式が出来上がっている。地域との緊密な連携を取りながら個別化した介護ニーズに柔軟に対応する主体として、NPOが十分な的確性を持っていることは調査の結果から明らかである。これまでの記述を概念図で表示すると以下の通りとなる（図Ⅶ-5 参照）。

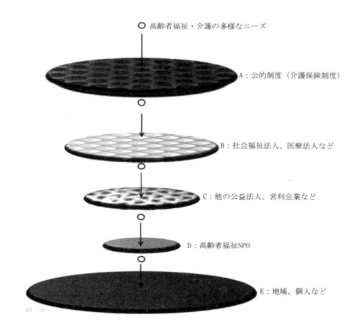

図Ⅶ-5：高齢者福祉 NPO の役割の概念図

出典：筆者作成

ここで概念図について簡単に説明しておきたい。

Aのレベル	高齢者介護の基本的な仕組みが公的制度によって用意される。しかし、公的制度が存在するだけでは、実際のサービスを利用者の手元に届けることはできない。当然、公的制度の網の目を潜り抜けるニーズが存在する。
Bのレベル	社会福祉法人や医療法人など専門性のある大規模な組織が提供するサービスのレベルである。しかし、採算性や効率性が重視されるため、採算ベースに乗らないサービスについては十分な対応が難しく、このレベルでは対応できないニーズが残る。
Cのレベル	企業や生協・農協などの公益法人が対応しているレベルである。A・Bのレベルよりは、きめ細かなサービスを提供できるが、効率性と採算性の限界があるため、個々の利用者のニーズに対応するサービスには手が出せない。

続表

Dのレベル	高齢者福祉NPOが対応しているレベルである。NPOの理念に基づき、小規模組織の利点を最大限に活用し、利用者の個別ニーズに対応できるサービスを提供している。併せて、地域密着型の事業を展開し、地域から利用者や家族の新たなニーズを吸い上げている。
Eのレベル	地域や家庭のレベルである。デイサービス、ショートステイ、通所サービスなどのサービスを利用しながら、在宅介護を行う。

　しかし、高齢者介護NPOは介護サービスを提供し、介護報酬を受け取るだけの存在ではなかった。確かに介護報酬は安定経営の基盤であり、重要ではあるが、介護保険の枠外の事業に取り組んでいる施設も多く、地域との連携など新たな方向性を模索する動きが見られた。そのような取り組みが今後、公的な制度として組み入れられる可能性もある。

　法律に根拠を持つ制度は安定的であるが、社会の変化に柔軟に対応することが困難な特徴を持っている。他方、高齢者福祉NPOは制度の枠外で比較的自由に様々な試みを行うことができる。今回の調査を通して高齢者福祉NPOのもう一つの大きな役割は、その点にあるように感じた。非常に硬い規範である法律を根拠とする社会保険の制度を社会のニーズに合せて機能させるためには、当然、社会との接点でインターフェイスの役割を果たす主体が必要となる。高齢者福祉NPOは地域や他の主体とのネットワークづくりを通して法規範が社会に受容されるプロセスにおいて重要なアクターとなれる可能性を有している。

　施設長に対するインタビューでも、法律や制度の運用をめぐって

情報集約に努めるとともに国や自治体の関係先に働きかけを行い、制度改正につないでいこうという意識がかなり明確に読み取れた。社会は常に変化し、変転し続けていく。安定的で固定的な法規範との間には常に何らかのギャップが生じることになる。そのギャップを正しく把握し、制度を社会の変化に合わせて改善するには介護の現場サイドの情報が必要となり、また、実験的な取り組みも介護現場でこそ実施できる。

　比較的小規模でありながら、地域で「草の根」のように根を広げている高齢者福祉 NPO には実践的な取り組みを先駆的に行い、公的制度に新たな試みを反映させるための政策提言を行うこともその機能の一つとして期待することができる。そして、このサイクルがうまく回っていけば、規範を社会ニーズに合わせて的確に変容させていくことが可能になる。公的な制度の機能を活性化した状態に置いておくためには、社会のニーズを常に正確に捉えてそれを汲み上げていかなければならず、そのためのインターフェイス機能を果すのが高齢者福祉 NPO であると考える。以上のことから、今後高齢者福祉 NPO の望ましい姿を図に描くと以下のとおりである（図Ⅶ-6参照）。

図Ⅶ-6：高齢者福祉 NPO の新たな役割と望ましい姿

出典：筆者作成

　ここでは高齢者福祉 NPO を樹木にたとえて説明することにする。樹木の生育には、根を張り大きな幹を支えるに足る大地と光合成を行うための太陽と雨が必要である。高齢者福祉 NPO も同様に地域に根を張り、利用者や家族からのニーズを吸い上げながら事業を展開している。さらに組織を維持・存続させるための資金を介護保険や地方自治体からの補助金などから得て、安定経営に向けて努力している。この要素のどれか一つが欠けても高齢者福祉 NPO の安定経営は難しくなる。

　他方、陽光があるだけでは大地に実りがもたらされないように公

的制度があるだけでは、福祉サービスの実を結ぶことはない。制度と地域のニーズを結び合わせる主体の存在が不可欠となる。そして高齢者福祉NPOには、まさに樹木のような役割を果たすことが期待されているのである。

3. さらなる発展のための要素

　1998年の「NPO法」と2003年の介護保険法の実施は日本のNPOにとって大きな転換点となった。特に、介護保険制度の実施によって、高齢者福祉NPOの発展は他の一般的なNPOと比べると大きく進み、異なる展開を見せている。今回調査対象のそれぞれの活動年表を参考にしながら、高齢者福祉NPOの発展段階を図にしたものが下の図である（図Ⅶ-7参照）。

　次に、今回の実態調査で明らかとなった高齢者福祉NPOがさらに発展するための課題を示すことにする。

　①　NPOの存在基盤は次第に確固たるものになっている一方で、各NPOの間に格差が見られる。

　②　大多数のNPOは居宅介護事業だけを中心としているため、活動範囲に限界があり、NPOのさらなる発展に向けての環境整備はまだ不十分である。

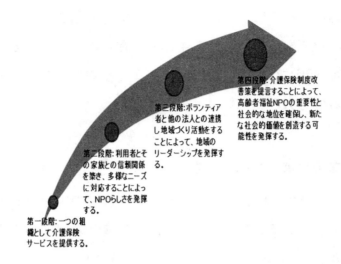

第一段階：一つの組織として介護保険サービスを提供する。

第二段階：利用者とその家族との信頼関係を築き、多様なニーズに対応することによって、NPOらしさを発揮する。

第三段階：ボランティア者と他の法人との連携し地域づくり活動をすることによって、地域のリーダーシップを発揮する。

第四段階：介護保険制度改善策を提言することによって、高齢者福祉NPOの重要性と社会的な地位を確保し、新たな社会的価値を創造する可能性を発揮する。

図Ⅶ-7：高齢者福祉 NPO の発展段階

出典：筆者作成

③　行政側からみたNPOへのサポート力とNPO自身の安定性はまだ弱いままである。

以上、ここで抽出した課題は、すべて組織のマネジメントに関わるものである。高齢者福祉 NPO は他の NPO と異なり、安定的・継続的なサービスの提供を何よりも期待されている。継続経営体としての組織マネジメントが重要な意味を持ってくるのである。

しかし、高齢者福祉 NPO にとって利益を確保し、安定経営を達成することが最終的な目的となる訳ではない。NPO にとって理念と使命こそが第一であるはずである。このことは施設長に対するインタビューなどでも、何回も耳にした。使命感があるからこそNPOを創り、事業に取り組んでいるのであり、利益の極大化を究極の目標と

しているのではない。以下、NPOにとって大切な使命（ミッション）について少し掘り下げた考察を加えることにする。

（1）　ミッションづくり

　日本のNPOは零細で、運営基盤が弱い。地域に点在している高齢者福祉NPOも同じである。高齢者福祉NPOも、介護サービス以外の地域活動部門には優秀なスタッフを雇うことができず、いつまでもボランティア頼みの活動が続くような状況にある。ボランティア精神だけではNPOの活動を継続させ、成長させることはできない。

　企業にとっては、企画力がなければ商品開発ができず、ファンドレイジングの才能がなければ資金を集めることもできない。それと同様に、競争力のある介護サービス、魅力的な地域活動・サービスを提供できないNPOは利用者、地域住民から見放され、地域のリーダーになれず、やがて市場からの退出を余儀なくされる。不断の自己革新こそがNPOの生き残る道なのである⑤。

　NPOの活動を継続させ、成長させるためには、NPOがほかの社会的な組織と決定的に異なる原点をはっきりとさせていかなければならない。ボランティア団体・NPOにとっての必須条件は「使命」である。「使命」がないかぎり活動がスタートすることはない。この点については、いくら強調しても強調しすぎることがなく、研究者の誰もが指摘をしている点である⑥。

　しかし、現在の高齢者福祉NPOは、ミッションの確立を後回してにし、介護サービス事業に先走りしてしまっている場合がほとんど

である。高齢者福祉サービスを提供している多くの団体がいつの間にか自然消滅をしてしまう。その大きな原因は、「使命」の不明確さにある。「使命」なきNPOは長く継続していけないのである。使命が明確にされてこそ「目標」を実現する体制が整うことになる。

　田中尚輝は、「使命（ミッション）とは、社会的な課題の根源をなす抽象的・一般的なテーマであり、目標や課題の一つひとつを克服した時点で到達できるものである」と述べている[⑦]。使命は社会の普遍的な利害を代表するものでなければ、多くの人びとの心を揺り動かすことはできない。「人間の愛情を生かせる社会」、「人がそれぞれの能力を発揮して、自由に生活できる共同社会」というようなものが長期的に設定される団体の「理念」、「目的」となる。

　例えば、アメリカの全米退職者協会（AARP）にとっての「使命」は、高齢者の社会における地位の向上によって人間的な社会をつくりあげることである。そして、高齢者の団結を具体化するために共済システムを稼働させている[⑧]。日本の米沢市にある柴田信子によって作られた「ほほえみサービス」の「使命」は「人間らしい生活ができる町づくり・コミュニティづくり」である。この「使命」が明確にあるからこそ、日常の活動に、地元の校長や地場企業の経営者や企業のサラリーマンの支援を受けることができると考えられる。

　そして、今回の調査対象である「特定非営利活動法人NPOおーさぁ」は「『ともに創る<地域共生>くまもと』を目指す」という理念で健軍地域の福祉・まちづくり活動を行っている。この明確な理念

があるからこそ、健軍地域の個人住民から商店街のお店まで、全員が「NPO 法人おーさぁ」を支えている。地域福祉活動の双方向の動きがNPOと住民との間で実現しているともいえるであろう。

（2）マネジメント能力の向上

NPOは行政、外部関連機関との協働が必要であるが、NPO 自身でも内部改革の努力が必要となる。地域コミュニティ活動に関する企画力とリーダーシップ能力がNPOの継続的な発展につながる。

高齢者福祉 NPOの場合、介護事業部門は事業型 NPOとなり、公益活動部門は会員制型やテーマ型 NPOとなるといったように両面性と立体性がある新たな運営形式が必要であると考えられる。つまり、NPOにとって、有用なマネジメント力とミッションが要求されるのである。

「NPOをどのようにマネジメントするか」ということがとりわけ重要なテーマとして語られるようになってきた。限られた資源のなかで効率的な活動を行っていくためには、戦略的な計画を伴った効率的な組織運営が必要となるし、サービスの質を一定以上保つためには、サービス基準の構築や人材の育成も不可欠になる。これらの問題に対処するためには、人・モノ・金・情報といった諸資源を有効に活用しながら使命を達成していくためのマネジメントが必要である。

①　高齢者福祉 NPOのマネジメントの重点

高齢者福祉 NPOのマネジメントはリターン重視の企業とも違い、

ボランティア活動のマネジメントを中心に考えればいい一般的な
NPOとも異なり、より複雑であると考える。なぜなら、高齢者福祉
NPOは収益性の見込めないボランティア活動と収益性のある介護
サービスを同時に提供しているためである。高齢者福祉NPOはボラン
ティア活動のマネジメントと収益重視のマネジメントを同時に追求
しなければならない。そこで、二種類のマネジメントをそれぞれ考
えるのか、統合的に考えるのか、もし、統合的に考えるなら、どの
ように融合させるのかという難しい問題を生じることになる。

　②　高齢者福祉NPOと一般のNPOとの違い

　これまで、公的サービスをおこなう行政があり、他方には、私企
業があって、それ以外の部分をNPOが補うという見方があった。つ
まり、NPOというカテゴリーは、公と私の間に位置し、社会にとっ
て追加的であり付加的な位置づけを与えられている。国や地方自治
体、企業がそれぞれの分野で果たすべき機能を果たしていれば、ボ
ランタリーな組織の機能領域は限定されるはずであり、狭い範囲で
の地域住民交流活動や共助の仕掛けが不足する部分を補っていたと
いう考え方である⑨。

　しかし、現在、公的に提供できる社会資源には限界があることが
よく知られている。特に高齢者介護サービスの場合、公共サービス
として国民の期待が大きいが、公的サービスだけでは、膨大な高齢
者のニーズを賄いきれない。行政の補完機能をもっている企業サー
ビスでも完全に対応することはできない。この領域に市民が主役の
ボランティアが役割を担うべきであるという論調がみられるように

なった。NPOの活動する範囲をより広げていく方向である。高齢者福祉NPOは単なる補完的な存在としてではなく、それ自体が中心的なサービスの担い手になりつつある。環境系NPOなどの一般的なNPO法人と比べて、高齢者福祉NPOは単なるボランティア組織ではなく、特に介護サービス部門については、継続性と収益性が重視される。さらに、介護保険法とNPO法などの法的根拠があるため、他の一般的なNPO法人と比較して特異性をもっていると言える。ボランティア組織に適合するマネジメント方法では、高齢者福祉NPOを十分に機能させることはできない。

③　企業との違い

一方、高齢者福祉NPOは私企業とは違ったマネジメントの難しさも併せ持っている。高齢者福祉NPOは大きく成長すれば、経営の主体となり、独自のボランティアサービスや地域交流活動を進めていく一方、より良い介護サービスを継続的・安定的に提供するために、安定した経営管理が必要となる。

現在、高齢者福祉NPOについては大きく分けて2つの捉え方がある。一つは、NPOを企業組織の延長線上で捉える視点であり、もう一つは、企業とは一線を画して、独自性を強調する視点である。前者は、従来の経営学の概念や企業組織をモデルとした経営の考え方や管理の手法をそのままNPOに適用しようとするものである。積極的に企業モデルの適用を考える立場であると言える。後者は、企業をモデルとした経営学を応用しながらも、それの適用には限界があるとし、独自の概念、独自のモデルを開発しようとする捉え方であ

る。つまり、高齢者福祉 NPO の固有性と独自性を考えていこうとする視点である⑩。

　本書は、後者の立場に立って、高齢者福祉 NPO の独自性を有する組織と捉え、高齢者福祉 NPO のマネジメントにおける特性について考察を加えていきたい。まず、企業と比べて、高齢者福祉 NPO はよりミッションを重視し、ミッション優位の組織であるという特性を有している。なぜなら、利益の達成を企業は最終的な評価とするが、高齢者福祉 NPO の自己評価については、ミッションの達成が一つの自己評価の指標として重視される。企業による社会的責任やビジョンなどをいくら強調しても、利益追求という企業の本質は変わらない。一方、高齢者福祉 NPO は介護サービス部門において、効率性と営利性を考えなければならないが、非営利という本質は変わらない。したがって、NPO のマネジメントを考えていくうえでは、ミッション重視ということを決して無視することはできない。

　NPO は営利を目的としない組織であるため、ミッションを重視して、ミッションがその組織が向かうべき方向を示すことになる。ドラッカー（Drucker）による NPO の自己評価の基準は「われわれは何を達成しようとしているか」という使命の存在である。「非営利機関に働く人々のほとんどは、組織のビジョンを共有しない限り、少なくともその一部でも共有しない限り、その非営利機関での仕事を続けようとはしないものである⑪」とドラッカー（Drucker）が述べていた。そして、個々のボランティアには動機づけるものがあっても、それを組織として最大動員を仕掛けるためには、組織として何

をすべきか、その向かうところを明確に提示する必要がある。そして、企業のビジョン以上に、ミッションを一層強調し、組織を構成するメンバーの全員で共有しなければならない。時には、ミッションの実現が優先されることも少なくない。そして、利益の追求よりミッションの達成がNPOの行動を律する規範となっている。このことは先に施設長の経歴や考え方を整理した部分からも明らかに読み取ることができる。

　次に、サービス管理が重視されるという特性も認められる。サービスとは、本来、不可視であり、不可触である。そして、サービス提供するには特有の問題が伴ってくる。それは、サービスの質を客観的に評価し難いという問題である。高齢者福祉NPOは提供している「商品」は主に介護サービスとボランティアサービスであるため、サービスの質の管理という問題を回避できない。高齢者福祉NPOの場合、サービスを提供するのは人であり、サービスを受けるのも人である。つまり、人を中心に活動が展開される。このように見ていくと、人的資源管理の巧拙が間接的にサービスの質の向上へとつながる可能性があると考える。具体的には、企業の人事マネジメントや人件費のコスト管理などが参考になると考える。

　最後に、環境からの影響を強く受けやすいという特性である。NPOの資金や人員などほぼすべて外部に依存している。そして、サービスを外部に提供し、その評価によって組織の存続の可否が決定される。特に、高齢者福祉NPOにとって、外部環境への依存度は企業や他の一般的なNPOよりも、一層高くなる。例えば、最大のスポ

ンサーである国と地方自治体の政策の変化によって、資金面での大きな変動が生じやすい。介護保険法の改正、地域住民の価値観などの変化によって、介護サービスの内容や方向も変わる。高齢者福祉NPOの独自性を確保しながら、発展を考える上で、環境適合はNPOのマネジメントの重要な課題となる。

　したがって、組織戦略、人事管理、環境適合などが高齢者福祉NPOに適合するマネジメントを探るうえでの重要な視点となる。筆者がインタビューをした施設長たちも異口同音にアンテナを高く上げて環境の変化を的確に掴み取ることの重要性を強調していた。

注

①「通い処愛和」の管理者、「あやの里」の代表、「おーさぁ」の所長というふうに、各高齢者福祉 NPOのリーダーの呼び方はそれぞれであるため、本章は高齢者福祉 NPOの施設長という名称で統一することにした。

②ヘンリー・ミンツバーグ・池村千秋訳『マネジャーの実像―「管理職」はなぜ仕事に追われているのか―』（日経 BP 社、2011 年）66 頁。

③ヘンリー・ミンツバーグ注（2）、前掲書、67~68 頁。

④高齢者福祉 NPOにおいては、タテ・ヨコの関係が複雑には入り組んでいる。非営利組織のボランティア性から見れば、お互いに対等な仲間であり、上下の関係性はほとんどない。一方、介護事業を一つの事業体として運営する時には、雇用者と被雇用者の関係となるた

め、上下・主従の関係が発生する。運営性・事業性を志向する傾向の強い高い高齢者福祉 NPOにおいては、組織化が顕著であり、業務上の意思の伝達の面ではタテの関係が目立っている。

⑤田中尚輝『ボランティアの時代』(岩波書店、1998 年) 144 頁。

⑥田中注（5）、前掲書、146 頁。

⑦田中注（5）、前掲書、146 頁。

⑧田中注（5）、前掲書、146 頁。

⑨奥林康司・稲葉元吉・貫隆夫『NPOと経営学』（中央経済社、2002 年）　152 頁。

⑩奥林・稲葉・貫注（9）、前掲書、155 頁。

⑪P．F．ドラッカー著，上田惇夫・田代正美訳『非営利組織の経営―原理と実践―』(ダイアモンド社、1997 年) 232 頁。

おわりに

　高齢者福祉 NPO 事業は、NPOをめぐる日本特有の事情や状況に制約されながら活動している。現在、日本の高齢者福祉NPOは、まだ事業者数が多くないし、事業規模も社会福祉法人や医療法人などの他の法人と比べて、大きいとはいえない。しかし、現行制度に対して積極的に提言・提案してそれを改良・改革しようとしている努力が高齢者福祉NPOの原点である。さらに、何より、介護保険制度の枠を超えて地域住民のニーズに積極的・実験的に応えていこうとする力強さはNPOの原動力であり、この点が、これからもっと注目され、期待されるのではないかと考える 。また、情報提供機関あるいは総合相談窓口としてNPOが役割を果たしているのも注目したい点である 。

　本書では主に介護サービスを提供している高齢者福祉 NPO 法人について熊本県熊本市での聞き取りを中心に述べてきた。今回は大学の指導教員の指導のもとで、単独でNPO 法人に聞き取りすることができるようになった。介護現場に飛び込んでNPO 介護サービスの質

と特徴を実感し、日本の高齢社会が急速に進展する背景の中で、高齢者の様々なニーズに応じる柔軟なサービスを提供でき、かつ、地域住民との協働活動や地域福祉対策に役に立つ高齢者福祉 NPO 事業の必要性を痛感した。

　今回、調査を比較的順調に進めることができたのは、一重にゲートキーパーとして仲介の労を取っていただいた施設の職員の方々のご協力の賜物として心より感謝をしている。筆者の拙い日本語にもかかわらず、多くの方々と深いお話ができたように感じている。対象数は少ない反面、非常に濃密な調査が可能となった。その基本には施設側の施設長や職員の方々、さらに多くの利用者の方々とのラポールの構築がカギとなっていたと思われる。社会調査において一番問題となるのが研究対象者との信頼関係の醸成にあると改めて強く感じた。

　また、本書を通して、公的な制度が効果的に機能するためには規範を社会が受容し、内面化する必要があるという一般的な命題が高齢者福祉サービスの領域においても妥当していることが明らかとなった。反面、人々の善意や思いだけでは、永続的なサービスを維持することが難しく、そこに何らかの制度や仕組みが必要であることも明らかとなった。

　そして、その仕組みの要の部分にNPOの活動が位置する可能性のあることが分かった。「新しい公共」の考え方が一般化するに伴って、地域の課題解決は行政の力だけではなく、NPOや企業との連携・協働が必要であることがますます明確になりつつある。公的な

271

制度は永続性のあるサービスを提供するためには不可欠であるが、単にそれだけでなく、柔軟に多様なニーズに対応し、きめ細かな気配りのできる主体も実は必要なのである。

　高齢者福祉 NPO が現場で果たしている役割は、まさしく多様で複雑な個別のニーズに対応する柔軟な受け皿としての機能である。超高齢社会の荒波にどのように立ち向うかは、これからの日本の最大の課題の一つである。そして、はじめにも述べたように世界各国はその帰趨に目を凝らしている。

　一人っ子政策の結果、今後中国でも高齢社会の問題が大きく浮かび上がってこようとしている。本書で得られた知見を活用して、中国をはじめとする世界各国の状況と対比しながら、比較研究を行っていきたいと考えている。また、今回取り上げなかった他の分野の NPO においても、本書と同様の質的な研究に取組んでみたい。

　本書では十分に明らかにできなかった部分も多く残されているが、それらの研究課題については他日を期すことにして、以上で本書の一応の締めくくりとしたい。本書の執筆に当たって、ご指導をいただいた明石教授、石橋教授、及び松岡教授をはじめとする熊本県立大学の諸先生、さらに聴き取り調査などにご協力をいただいた各施設の関係者の方々には、この場を借りて心から御礼を申し上げたい。